本書為“全國文物、博物館系統人文社會科學
重點研究課題”資助項目

近出殷周金文集錄

第一册

劉雨 盧岩 編著

中 華 書 局

圖書在版編目(CIP)數據

近出殷周金文集録/劉雨,盧岩編著.—北京:中華書局,2002
ISBN 7-101-02732-6

Ⅰ.近… Ⅱ.①劉…②盧… Ⅲ.金文—商周時代 Ⅳ.K877.3

中國版本圖書館 CIP 數據核字(2001)第 00443 號

近出殷周金文集録
(全 四 册)
劉 雨 盧 岩 著
*
中 華 書 局 出 版 發 行
(北京市豐臺區太平橋西里 38 號 100073)
北京未來科學技術研究所有限責任公司印刷廠印刷
*
787×1092 毫米 1/8·238 印張
2002 年 9 月第 1 版 2002 年 9 月北京第 1 次印刷
印數 1-1000 册 定價:4800.00 元

ISBN 7—101—02732—6/H·170

總　目

前　言

（一）

考古學者將早期人類文化的發展歷程，根據生産工具的材質區分爲石器時代、青銅時代和鐵器時代。在我國，較大件的青銅器最早出現在河南二里頭文化晚期，約當夏代（公元前21世紀——公元前16世紀）後期。此前的仰韶文化、馬家窑文化、齊家文化時期等雖有小件紅銅或青銅製品發現，但數量少、物件小，還不能説那個時期已脱離了銅石並用時代。有的二里頭時期銅爵，從鑄痕看，内外范多達四塊，器壁薄而均匀，其工藝水平已脱離最原始狀態，不排除我國在夏代前期已掌握冶煉青銅技術的可能。所以，古史所記"夏鑄九鼎"或有所本。青銅器伴隨着早期國家的確立而出現，自然就成爲王權的象徵。史載夏鼎歷商至周，每當王朝改易，鼎則移於新主。春秋時期，王室衰弱，楚子過周境，問鼎之輕重，則其覬覦王權之心，路人皆知。

商代盤庚遷殷之後，國力漸强，特别在武丁時期，達到頂峰。爲適應其神權統治，需要進行大量繁複的祭祀活動，在這些活動中，青銅祭器是神壇上的重要道具。因而此期青銅器鑄造工藝有了長足的進步，體積厚重、紋飾神秘的青銅器大量湧現，形成了我國青銅文化最繁榮的時期。

西周建國以後，特别重視禮制建設。從金文記載的内容看，大概在穆王前後，一系列祭祀、軍事、饗宴、相見等禮儀制度逐漸形成，並成爲當時貴族等級制度的嚴格規範，即後世所謂的"周禮"。由於青銅器在西周諸禮儀中的標示作用，周人形成"藏禮於器"的制度。因而，此時組合有序的青銅容器又名之爲"禮器"。孔子曰："唯器與名，不可以假人。"（《左傳·成公二年》）青銅器被賦予"銘貴賤、别等列"的作用，其佔有狀况已成爲貴族身份和地位的象徵。

早在商代前期，青銅器上就開始有僅幾個字的，以象形爲特徵的族名銘文出現；到商代晚期開始有了長達四五十字的記事銘文，進入西周以後，更出現了百餘篇百字以上的長篇記事銘文。在青銅器上鑄刻銘文，"銘其功烈，以示子孫"（《左傳·襄公十九年》），爲後世留下許多珍貴的史料。

隨着城市經濟的發展，自春秋中期始，青銅器的地域特徵突現，中原、楚、秦、吴、越等地的青銅器各自呈現出獨特的發展軌迹，一些小國的青銅器也成規模地出現。

戰國時代的青銅器逐漸向實用方向發展、新的形制不斷出現，紋飾趨於圖案化，還出現了一些描繪攻戰、狩獵、禮樂、桑植的寫實圖畫。

鐵質生産工具的大量出現和使用，標誌着鐵器時代的到來。我國大約在春秋早期開始出現鐵器，春秋戰國之交（即公元前5世紀前後）鐵兵器和工具逐漸增多，至戰國中期，鐵器在農業及手工業中佔據主導地位，楚、燕等國軍隊也基本以鐵兵器裝備。

在其後相當長的時間裏，青銅器流入民間，脱去神秘的外衣，以日常生活用品和工藝品的身份，留存在社會生活裏。但是，隨着禮制傳統的延續，作爲藏禮工具的青銅禮器，在其後歷代禮儀制度中，仍保留着它不可替代的地位。

成組合的具有“藏禮”作用的青銅禮器體系，是中國青銅文化有別於其他民族青銅文化的突出特徵。這是由於“以禮治國”是中國古代政治所獨創的統治藝術，以“周禮”爲代表的禮儀體系，貫徹到政治、經濟、軍事、文化等社會生活的各個方面，影響了其後數千年中華文明史，帶有鮮明禮儀特色的中國文化，在世界古代文化發展史上具有獨特的地位。

在大量青銅器上鑄刻銘文，是中國青銅文化有別於世界其他民族青銅文化的另一突出特徵。中國社會科學院考古研究所編輯的《殷周金文集成》一書，著錄先秦有銘青銅器近一萬二千件，加上該書出版後公佈的同類資料，共計約一萬三千餘件。據 1985 年版《金文編》統計，先秦金文單字有 3772 個，已識字 2420 個，未識字 1352 個。

金文的内容就其大者而言，可分爲以下幾項：

1. 記族名，單記一個族名銘文。

2. 祭奠父祖，銘文僅記父祖日名，表示該器爲紀念其父祖而做。

3. 銘功紀賞，做器者記述自己對王室（或某大貴族）在祭祀、戰爭、外交、政務等方面所做出的貢獻，因而受到嘉獎、賞賜和冊命的榮寵。

4. 要盟約劑，“凡大約劑書于宗彝”（《周禮·秋官·司約》），記錄貴族間發生的土地、人事等糾紛，經王室派員調解、裁斷、訂立盟誓的經過，以傳示子孫後代。

5. 媵女陪嫁，記述做器者以該銅器作爲嫁妝，送女出嫁。

6.祈介祝嘏，西周中期至春秋時期的一些樂器、禮器上多記載祈求祖考降賜福祿長壽的“嘏辭”。

7. 物勒工名，戰國兵器上多記營造衙署及工官工匠之名，容器上則多記容積重量。

金文成爲史料的關鍵，首在明確其時代。對於西周金文的斷代問題，王國維在考釋遹簋時曾指出：“此敦稱穆王者三，余謂即周昭王之子穆王滿也。何以生稱穆王？曰：周初諸王，若文武成康昭穆皆號而非謚也。”（《觀堂集林》卷十八）學者稱其斷代原則爲“時王生稱說”。郭沫若用此原則先定出若干“標準器”，然後將與其人名、事件有關，形制、紋飾相近諸器串聯起來，構成一個時代相近的器組，此法被稱爲“標準器斷代法”。在《兩周金文辭大系圖錄考釋》中串聯西周銘文二百五十篇，取得很大成功。陳夢家又根據新出土的考古資料，提出銘文的八種内聯條件：1. 同作器者；2. 同時代人；3. 同父祖關係；4. 同族名；5. 同官名；6. 同一事件；7. 同一地名；8. 同一時間等；將此法加以進一步完善（《西周銅器斷代》）。唐蘭先生在其著名的《西周銅器斷代中的“康宮”問題》（《考古學報》1962 年第 1 期）和《周昭王時期的青銅器銘刻》（《古文字研究》二，1980 年）中，討論了西周金文斷代問題，他指出金文中的“康宮”即康王之廟，凡記有“康宮”的銅器應定爲康王身後之器。這樣就把過去定在成王時期的一大批銅器改定於昭王時期，並與昭王南巡的記載聯繫起來。根據這一原則，金文中所記“康宮”中的“夷宮”、“厲宮”，應爲夷王、厲王之廟，金文中凡記有夷、厲二宮之器，自應是夷王、厲王身後之器。他的這些分析，到目前爲止，尚未發現與考古發掘出土的器物時代相矛盾者，並不斷被新出土的銅器銘文所肯定。因而，他的“康宫原則”也逐漸爲多數學者所接受。近年國家進行的“夏商周斷代工程”，在討論西周銅器斷代時，就使用了“康宫”原則，這一方法對銅器斷代之學做出了新的貢獻。

從銘文内容來區别商代與西周銅器，宋代吕大臨的《考古圖》已有論述，近年來有的學者做出了更好的歸納，提出：殷人特有的稱謂、殷人特有的祭名、殷人的標時習慣、殷人的歷史大事件（陳世輝、湯余惠：《古文字學概要》吉林大學出版社，1988 年），這些原則對區分商周銅器是有一定作用的。當然，必須與銅器的類型學研究相並而行，方能得到較理想的結果。

西周金文中有“初吉”、“既生霸”、“既望”、“既死霸”等記時詞語，王國維的《生霸死霸考》（《觀堂集林》卷一）認爲，西周金文記時，是由上述四個月相詞語四分一月的。近時學者根據已知的古代天文學史知識推算，金文“初吉”的曆日往往超出月初若干天的範圍，有的甚至可以晚到月的中旬和下旬，顯然與其他三個詞語屬不同記時體系。“既生霸”、“既死霸”、“既望”是月相記時詞語，學者間曾無異詞，然其所指具體時日，至今尚難以取得一致意見。

西周有紀年金文 90 餘件，用這些資料，對比有明確地層關係和典型形制規律的考古發掘品，可以近似推出西周各王的最低“金文王年”。 西周又有年、月、月相、干支日四項俱全的金文 30 餘件，這些資料可以檢驗按銅器銘文所安排的王年和絕對時間是否恰當。陳夢家《西周年代考》指出：“《竹書紀年》和金文記年是復原西周年代的主要材料。”據《竹書紀年》所載，“武王伐紂”應在公元前 1027 年，西周積年爲 257 年。根據現代天文學觀察，《竹書紀年》所記“懿王元年天再旦”是一次正確的古代日食觀測。這樣，懿王元年即可定在公元前 899 年。以上幾個年代定點，都與相應的考古地層標本碳 14 測定的年代接近。又據《史記》載共和元年爲公元前 841 年，此後宣王、幽王的年代都是已知王年。根據以上定點，利用現代古天文學史知識推算，可以排出一個合理的《西周金文曆譜》，使數十件有銘銅器成爲標準器。再附以器形、紋飾、銘文的内部聯繫等，將較好地解決西周金文的斷代問題。一個與《西周金文曆譜》相容的新擬定的《西周王年表》，即將接近準確的客觀王年。

商周有銘銅器的半數左右，銘文都極爲簡短，有的僅有一個象形性很强的字，有的由幾個象形的字構成一個短語。郭沫若稱其爲“族徽”、“族氏”（《殷周青銅器銘文研究》），陳夢家稱其爲“族名”（《西周銅器斷代》），張振林有“家族標記説”（《對族氏符號和短銘的理解》，中國古文字學會年會論文，1990 年）。吴其昌有“私名説”（《金文氏族譜》），日人白川静有“特殊集團説”（《金文通釋》），林巳奈夫有“旗上之物説”（《殷周時代的圖像記號》）等等，諸説皆能言之成理，各從一個側面説明了部分器物上銘刻的内容，但終難以偏概全，我們不妨暫稱其爲金文中的“特殊銘刻”。其實，早在宋代，學者對金文中的“特殊銘刻”就有一定認識。如吕大臨的《考古圖》4-36 木父己卣，釋文云：“木者，恐氏族也。”我們認爲，這類銘文雖少有文例比附，但多數可以在甲骨文中找到同形的字，而分析甲骨文中這些同形字的性質，則多是一些方國名、地名和人名。因此有理由推測，這些金文“特殊銘刻”中應該有一大部分是古代方國（地區）、家族以及個人的名號。殷周金文“特殊銘刻”中的古代方國名，被成功解讀的有三個例證：1. 郭沫若釋“[illegible]”爲“須句”（《金文餘釋之餘·釋須句》，後收入《金文叢考》）；2. 裘錫圭釋“[illegible]”爲“無終”（中國古文字學會年會論文，1990 年）；3. 遼寧喀左曾出土“[illegible]”罍，唐蘭先生考其出土地爲古“孤竹國”，李學勤循此考出其文字亦爲“孤竹”。依此類推，相似的古方國名如“息”、“斟尋”、“房子”、“北子”等，也可以在銅器中找到相應的銘刻。

“特殊銘刻”中還有一些可以肯定爲某貴族的家族名者，如“木羊冊”是微史家族的族名等。又比如“亞㝨孤竹迺”鼎，在這一組銘文中，已知“孤竹”是方國名，“亞㝨”因爲在其他器中經常出現，可能是孤竹國中某家族的族名。在這裏“迺”就可能是“亞㝨”家族的一個成員的私名。根據上述分析，金文中字數較多的族名，一般是可以分出方國、家族、私名等幾個層次的。此外，也有一小部分特殊銘刻是表示該銅器的方位、功能或是八卦符號等，並不屬於上述内容範圍。

這些族名銅器的時代，有的可以早到商代前期，如 1981 年内蒙古昭烏達盟翁牛特旗敖包村出土的“[illegible]”甗（《殷周金文集成》792 號器）、山西長子縣北郊出土的[illegible]甗（《殷周金文集成》786 號器）等。但多數屬商代後期到西周早期，西周中晚期至春秋時期仍有零星出現的，則屬於族名制度的少數殘存了。它從一個側面反映了商周時期社會組織結構的真實狀況，對商周社會史的研究有十分重要的意義（劉雨《殷周青銅器中的特殊銘刻》，《故宫博物院院刊》1999 年 4 期）。

早在漢代，人們就把青銅器的出土視爲祥瑞，開始注意對青銅器及其銘文的研究。西漢宣帝時的張敞考釋“夷臣”鼎，被稱爲“好古文字”（《漢書·郊祀志》）。東漢古文派巨子許慎作《說文》，其序云：“郡國往往於山川得鼎彝，其銘即前代古文”。

至宋代，由于得到王室的倡導，青銅器與古文字的研究，蔚成風氣，成就了一批著名的學者，他們的著作如 《考古圖》（呂大臨）、《博古圖録》（王黼）、《歷代鐘鼎彝器款識法帖》（薛尚功）、《嘯堂集古録》（王俅）、《鐘鼎款識》（王厚之）、《紹興内府古器評》（張掄）、《皇祐三館古器圖》（楊南仲）、《先秦古器圖》（劉原父）、《集古録跋尾》（歐陽修）、《金石録》（趙明誠、李清照）等。從研究水平看，他們已達到相當的高度。如至今尚在使用的器名：鐘、鼎、鬲、甗、敦、簠、簋、壺、尊、卣、爵、角、觚、斝、觶、盉、盤、匜等皆宋人所定。王國維說：“知宋代古器之學，其說雖疏，其識則不可及也。”（《觀堂集林·說觥》）爲宋人所辨識的古文字亦有幾百，應該說，有宋一代爲後世的金石學以及近代古器物學和古文字學的發展做了很好的铺垫工作。

清代乾隆年間，欽定將皇家青銅器的收藏編輯了 《西清古鑒》、《寧壽鑒古》、《西清續鑒甲編》、《西清續鑒乙編》等四部青銅器資料書。晚清在乾嘉經學考據之風的影響下，“小學”得到了發展，學者們除編輯了《積古齋鐘鼎彝器款識》（阮元）、《愙齋集古録》（吳大澂）、《名原》、《攈古録金文》（吳式芬）、《綴遺齋鐘鼎彝器款識考釋》（方濬益）、《奇觚室吉金文述》（劉心源）等青銅器資料書外，還編纂了《說文古籀補》（吳大澂）、《古籀拾遺》、《古籀餘論》（孫詒讓）等頗有見地的古文字學專著。

民國以來，受西學東漸的影響，我國古器物及古文字之學有了很大進步。如一些青銅器資料書《周金文存》（鄒安）、《小校經閣金文拓本》、《善齋吉金録》（劉體智）、《夢郼草堂吉金圖》（羅振玉）、《雙劍誃吉金圖録》（于省吾）、《武英殿彝器圖録》（容庚）等，銘文用拓本，圖像用照片，資料翔實完備，印刷技術亦有很大改進。

此期學者王國維在其著名史學理論“兩重證法”的指導下，重視對古器物和古文字的研究。他對金文斷代和一批銘、物的考證，具有開創性的意義，他的主要著作多收入《觀堂集林》一書。羅振玉的學術實踐，以嚴謹地整理出土資料見長。他編纂的《三代吉金文存》收器近 5000 件，是二十世紀三十年代殷周金文集成性的著作。二人關係密切，史稱“羅王之學”。

郭沫若的《兩周金文辭大系圖錄考釋》是一部具有重要學術價值的巨著，它創造的“西周斷代、東周分國”的研究體例，把分散的銘文資料整理成互相關聯的史料，成爲揭示我國古代社會性質的有力證據。他撰寫的《殷周青銅器銘文研究》、《金文叢考》等金文專著和論文，都體現了把金文研究與先秦史研究有機結合的鮮明特色。

王氏弟子容庚，著有《金文編》、《商周彝器通考》等書。系統地總結了古器物與古文字學的研究成果。王氏另一弟子徐中舒，擅長運用民族學、考古學和人類學的知識，來研究古代的銘、物制度，也取得許多扎實的成就。王氏又一弟子唐蘭，寫出《古文字學導論》，這是我國近代第一部古文字學理論著作，《西周青銅器銘文分代史徵》則是他用金文研究西周史的重要作品。于省吾是近代學者中辨識古文字較有成就的一位，他善于借助古文獻考釋古文字，更善于用古文字整理和考證古籍，所著《尚書新證》、《詩經新證》、《諸子新證》等在學術界曾産生較大影響。陳夢家的《美帝國主義劫掠的我國殷周銅器集録》 收集了流散在美國的珍貴銅器資料，（他收集的歐洲各地的金文資料都已編輯在《殷周金文集成》一書中），他的《西周銅器斷代》是對郭沫若《兩周金文辭大系圖錄考釋》一書的補充。他注意對器物分型分式、成坑成組的研究，把考古學的方法，運用到古器物、古文字研究中。

外國學者如瑞典高本漢、日本白川靜、林巳奈夫等也對中國古代青銅器及其銘文做過很好的研究。

新中國建立以來，隨着基本建設的大規模開展，青銅器資料大量出土，幾乎填補了青銅器發展史上的絕大部分缺環。考古學、古文字學的研究方法亦日漸縝密，又得到考古學會、古文字學會等民間學術團體的有力推動，學者們一方面全面集結金文資料，做基礎建設；一方面在前代學者已取得成就的基礎上，深入開拓進展，除解決了學科本身的諸多問題外，還解決了古史研究、古代文化史及古代思想史研究的一系列問題，引起了學術界廣泛的注意。古器物與古文字之學，已從“蕞爾小學”一變成爲“當世顯學”。

（二）

《殷周金文集成》一書是收集古今中外殷周金文資料較爲齊備的一部大型工具書，全書 18 册，共收器 11983 件。第一册 1984 年出版，收器截止於 1983 年。第 16 册 1994 年最後出版，收器截止於 1988 年。該書各册收器截止時間距今都已過十餘年，這期間又出土和發現同類資料千餘件，本書就是這部分新出資料的彙編。這部分新資料中有許多是非常重要的，現按時代先後擇要舉例介紹如下：

1973年6月，山東兗州縣李官村出土劇氏卣、爵各一件，卣銘“劇冊父癸”，爵銘“劇父癸”。器物出土地正在周初魯國封地之內。因此，發掘報告作者分析，銘文所反映的可能即是周初分給魯國的殷民索氏（《左傳•定公四年》“分魯公……殷民六族：條氏、徐氏、蕭氏、索氏、長勺氏、尾勺氏”）。

河南羅山縣天湖地區多次成批出土帶“息”字銘文的鼎、尊、爵、觚、戈等。（《考古學報》1986年第2期）羅山地區距古代的息國所在地不遠。該文作者分析銅器上的息“字”，就是指古息國的國名。這再一次證明，金文中大量出現的“族名銘文”，象“須句”、“無終”、“孤竹”一樣，其中有一些記錄的是古國名。

1991年11月，陝西岐山縣北郭鄉農民取土時發現銅斝一件，鋬内銘“亞切其”三字。“切其”是帝辛時貴族，所做三件長銘文的卣現藏故宮博物院。該斝形制爲商代晚期，“切其”二字又與卣銘之作器者名一致，應爲同人所做。這說明故宮博物院所藏三件切其卣，作器者確有其人，該器的出現，爲辨别三件切其卣的真僞問題增添一正面證據。

陝西寶雞收集到一件西周早期的爵，鋬内銘“𡰥”，柱上銘“㚔”，口内銘“作祖丁”（《考古與文物》1990年第4期）。“𡰥”是做器者的族名。柱上的銘文是一組數字，即後來由張政烺先生考證出來的八卦符號，可讀爲“八六七六七”。其中“六”寫作“亼”，爲它處所未見，且共五位數字，亦不合“三”、“六” 之常數，可能是一種特殊的占筮術記錄。

1994年12月，陝西扶風縣法門鎮出土一件西周早期大型盂的殘底（《考古與文物》1998年第1期），有銘文“王作葊京中寢浸盂”八字。據羅西章先生介紹稱，該盂圈足直徑達44.6釐米，重17公斤。有如此巨大之盂底部，估計全器可能重達百公斤左右，實爲罕見。銘文稱周王自做，可見該盂必爲周初王室宮寢之物。西周以來，出土器物雖多，但能確定爲王室之器者，除晚期厲王胡的鐘、簋之外，極爲少見。羅先生指出，此盂的出土，爲揭開葊京之迷，爲我們瞭解西周早期王室的氣度風格，大有裨益。

1964年10月，山東龍口市（黃縣）蘆頭鎮出土一件西周早期鼎（《文物》1991年第5期），上有“句監作寶尊彝”六字銘文。“句監”應爲指稱句地之監國者，猶應地之監國者稱“應監”（應監甗 《殷周金文集成》883號器），榮地之監國者稱 “榮監”（叔趙父爯 《考古與文物》1982年4期），闌地之監國者稱“闌監”（闌監父己鼎《殷周金文集成》2367號器）。蓋西周初年，不僅在殷人故地設了管、蔡、衛三監，在各諸侯國也都設了監國者。仲幾父簋（《殷周金文集成》3754號器）云：“仲幾父使幾使于諸侯、諸監”。西周初年，周王分封諸侯，用以藩屏宗周。這種政治統治制度很容易造成諸侯割據的局面，爲保證中央政令在諸侯國貫徹執行，周初在實行分封制度的同時，也普遍建立了嚴格的監國制度。山東句地可能就在荷澤北面的“句瀆”一帶。《左傳•桓公十二年》“公及宋公盟於句瀆之丘”。《杜注》“即穀丘也”。句國其地並不大，連這樣規模的地方都要設監，可見周初監國制度之嚴。文獻記載西周史蹟過于簡略，象西周早期普遍設立監國制度這樣重大的政治措施，史書却付缺如，是西周金文爲後世記載下來了這一珍貴的史料。

北京琉璃河1193號大墓出土燕侯克罍、盉（《考古》1990年第1期），銘記周初召公之子第二代燕侯克受封的大封典禮，以及克赴封地上任，殺牲祖祭道神事。釋文如下：

王曰：太保，唯乃明。乃鬯享

于乃辟，余大封。乃享，

令克侯于匽。𠭯羌豸，

祖于御微。克來

匽，入土眔有𤔲

用作寶尊彝。

周初封建諸侯，“大封禮”的儀注典籍失傳，賴此銘得以部分保存下來（詳細考證見紀念陝西省考古所建所四十周年文集《遠望集》中劉雨作《燕侯克罍盉銘考》）。

1993 年初，平頂山應國墓地出土一件柞伯簋（《文物》1998 年 第 9 期），釋文如下：

唯八月辰在庚申，王大射

在周。王命南宮率王多

士，師魯父率小臣。王徲

赤金十鈑。王曰：小子小臣，

敬有佑，獲則取。柞伯十

稱弓無廢矢。王則畀柞

伯赤金十鈑，徣賜柷見。

柞伯用作周公寶尊彝。

本銘是繼義盉蓋銘記錄了“大射儀”之後（《考古》1986 年第 11 期），又一次明確記錄了大射儀，說明《儀禮》所記“大射儀”確爲西周曾實行過的“周禮”之一。此銘也是周王舉行的射禮，與義盉蓋銘所記相同，可能衹有周王舉行的射禮方可以稱爲“大射儀”。柞伯是銘中多士小子的一員，參加周王舉行“大射儀”的“比耦而射”。他十發矢皆中靶的，“唱獲”最多，得第一名，因而被賜以十版金餅。周王在射前懸賞赤金十版，且獨畀柞伯一人，這些有關大射儀的具體儀節，都是文獻中所未見的。

陝西長安縣張家坡西周洞室墓出土的伯唐父鼎（《考古》1989 年第 6 期），應爲西周穆王時器，釋文如下：

乙卯，王饔葊京。王

祼，辟舟臨舟龍。咸

祼，伯唐父告備。王格，

乘辟舟，臨祼白旗。

用射絼、釐虎、貉、白

鹿、白狼于辟池。咸

祼，王蔑曆，賜秬鬯一卣，

貝廿朋，對揚王休，用

作□公寶尊彝。

銘文大意是説：在𦞩京，王行饔祭那一年的乙卯日，王將舉行禘祭禮，辟雍之舟靠臨船塢。禘祭禮準備好後，伯唐父向周王報告準備完畢。王到達，乘上辟雍之舟，在白旗下舉行禘祭。在辟雍的池水裏，行射牲禮，所射有牛牲、帶斑紋的虎、貉和白鹿、白狼。禘祭禮舉行完畢，周王勉勵伯唐父，賞賜他一卣浸過香草的酒和十串貝。爲宣揚周王的美意，作了這件紀念先輩□公置於宗廟的寶貴彝器。

《史記·周本紀》和《國語·周語》都有穆王征犬戎，“得四白狼四白鹿以歸”的記載，蓋彼時白狼白鹿爲名貴的野牲，爲穆王所鍾愛。伯唐父鼎是穆王早期器，果然也有王射白狼白鹿的記載，這也許並非巧合（詳細考證請參見《考古》1990年第8期劉雨作《伯唐父鼎的銘文與時代》一文）。

《文物》1998年第5期公佈了收藏於日本出光美術館的靜方鼎，綜合諸家考釋，釋文如下：

唯十月甲子，王在宗周，命
師中眔靜省南國相，
埶应。八月初吉庚申至，告
于成周。月既望丁丑，王在成
周大室，令靜曰：卑汝□嗣
在曾、鄂師。王曰：靜，賜汝鬯、
旂、市、采𩁹，曰用事。靜
揚天子休，用作父丁
寶尊彝。

該鼎有師中奉命省南國埶应的記載，學者將其與昭王時記昭王南巡的銅器聯繫起來。該銘記賞賜銘文中有賜“采𩁹”的記載，殷末銅器有小子𩁹簋（《殷周金文集成》4318號器），銘云“命伐人方𩁹”。“𩁹”是地名，此處所賜采地可能即殷之𩁹地。

1996年8月，陝西丹鳳縣西河鄉出土一件西周中期的虎簋蓋，有銘文158字，綜合各家考釋，釋文如下：

唯卅年四月初吉甲戌，王在周
新宫，格於大室。密叔入佑虎既
位。王呼内史曰：冊命虎。曰：𩛥乃
祖考事先王，嗣虎臣。今命汝曰：
更厥祖考，足師戲，嗣走馬御人
眔五邑走馬御人。汝毋敢不善
于乃政。賜汝載市、幽黄、玄衣、滰
純、鑾、旂五日。用事。虎敢拜，稽首，
對揚天子不杯魯休。虎曰：丕顯
朕烈祖考粦明，克事先王，肆天

子弗忘厥孫子，付厥尚官。天子

其萬年申兹命。虎用作文考日庚

尊簋，子孫其永寶，用夙夕享于宗。

該簋蓋作器者虎之文考爲日庚，元年師虎簋中師虎的烈考也是日庚，二簋中之做器者皆名虎，應爲同一個人。其祖考所司，統言之謂“虎臣”析言之謂“左右戲繁荊”是王之近衛部隊。師虎繼其祖考所司爲左右戲繁荊，虎之所司除“更厥祖考足師戲”外，又增加“嗣走馬御人 眔五邑走馬御人”的任命。可見虎簋所記内容理應發生在師虎簋所記内容之後，因此，如果元年師虎簋是恭王元年的話，虎簋就應爲恭王三十年。然而，兹事體大，西周中期恭、懿、孝三王若有一王在位三十年以上的話，整個《西周年表》就需要重新安排，或者需要將兩器皆置於穆王時。

1986年陝西安康縣出土史密簋（《文物》1989年第7期），器屬西周中期，銘文90字，綜合各家意見，釋文如下：

唯十又二月，王命師俗、史密

曰：東征。敆南夷、盧、虎、會，杞

夷、舟夷。觀，不阶，廣伐東國。

齊師族、徒、遂人乃執鄙、寬、

亞。師俗率齊師遂人左□

伐長必，史密右率族人、釐

伯、僰 眉周伐長必。獲百人。

對揚天子休，用作朕文考

乙伯尊簋，子子孫孫其永寶用 。

銘文大意是說：周王命師俗和史密東征，會合南夷、盧、虎、會的武裝以及杞夷、舟夷的部族武裝，炫耀武力，進行“觀兵”，然後大踏步前進，攻伐東部敵人。當地駐軍齊師族、徒以及遂人的隊伍已先期俘獲了敵方的鄙、寬、亞三個酋首。師俗率齊師、遂人部隊從左路進攻敵軍長必，史密率領家族武裝以及釐伯、僰 眉周的隊伍從右路進攻長必，俘獲百人，取得勝利。

銘文中的“觀”是西周金文中的特殊軍事術語，指“觀兵”。效卣“王觀於嘗”也是指觀兵於嘗地（《殷周金文集成》5433號器）。《史記•周本紀》記武王伐紂，有“上祭于畢，東觀兵，至於盟津。”《左傳•宣公三年》“楚子伐陸渾之戎，遂至於洛，觀兵于周疆。定王使王孫滿勞楚子，楚子問鼎之大小輕重焉。”古之“觀兵”是進行軍事威脅的一種戰爭手段，企圖以不戰而屈人之兵。“不陟”即班簋“否畀屯陟”之省，意指“大踏步地前進”（詳細考證請參見《容庚先生百年誕辰紀念文集》，廣東人民出版社，1998年，劉雨所作《西周金文中的軍事》一文）。

該銘中兩次提到齊師中有“遂人”部隊，值得注意。過去有的學者認爲，西周有一套完整的鄉遂制度，軍隊的編制完全是和鄉黨組織結合起來的，六軍就是由六鄉的居民編制而成，鄉之居民又稱士和國人，衹有他們在戰爭時才有資格參加軍隊。而遂野之氓，沒有資格當戰士，衹是充當糧草輜重的供應者而已（參見《考古》1964年第8期中楊寬先生的論文《論西周金文中的“六 自”

“八自”和鄉遂制度的關係》)。這種觀點顯然是用希臘古代曾實行過的“軍事民主制”來套合《周禮》的鄉遂制度而得出的結論。根據史密簋所記述的情況看,這並不符合我國西周時代的歷史實際,起碼從西周中期開始,“遂野之氓”也在遂人的帶領下組成主力部隊參加戰鬥。

1984年11月,陝西耀縣丁家溝出土兩件殷簋(《考古與文物》1986年第4期),器屬西周中期,兩器同銘,各80字,釋文如下:

唯王二月既生霸丁丑,王
在周新宫。王格大室,即位。
士戍佑殷淴中廷,北鄉。王
呼内史言命殷,賜,市、朱黄。
王若曰:殷,命汝更乃祖考
友,嗣東啚五邑。殷拜,稽首,
敢對揚天子休。用作寶簋,
其萬年寶用,孫子=其永寶。

此銘中周王命殷所司的“東啚五邑”,又一次提到“五邑”。金文中曾出現多個以“五邑”爲名的職官,如虎簋蓋的“五邑走馬御人”(《考古與文物》1997年第3期)、元年師兑簋的“五邑走馬”(《殷周金文集成》4275號器)、柞鐘的“五邑佃人”(《殷周金文集成》133－139號器)、鄭簋的“五邑守堰”(《殷周金文集成》4243號器)、𣪘簋的“五邑祝”(《殷周金文集成》4297號器)等等。總之,“五邑”是一個特殊行政單位,金文中有走馬、佃人、祝等職官,但却同時設有以“五邑”爲單位的同名官職。從殷簋銘的“東鄙五邑”看,此五邑應在東土某地,其餘内容則不可得知。

1997年8月陝西扶風縣大同村出土宰獸簋,銘文128字,釋文如下:

唯六年二月初吉甲戌,王
在周師彔宫。旦,王格大室,
即位。嗣土榮伯佑宰獸入
門,淴中廷,北鄉。王呼内史
尹仲冊命宰獸曰:昔先王
既命汝,今余唯或申京乃命。
更乃祖考事,𫹉嗣康宫王
家臣妾僕傭,外内毋敢無
聞知。賜汝赤市、幽亢、攸勒、用事。獸
拜,稽首。敢對揚天子丕顯魯休
命,用作朕烈祖幽仲、益姜寶
簠簋。獸其萬年子=孫永寶用。

銘有榮伯、師彔宮等皆西周中期人、地，器應屬西周中期。王之宰官爲王室的大管家，于此銘得以進一步證實。銘文記錄一次隆重的周王室的冊命典禮，在典禮上，王對宰獸增加任命，除繼續其父祖的職務外，另要求他管理康宮裏王家臣妾僕傭的出入事宜。

1992年，陝西長安縣里河引水工地出土吳虎鼎，有銘文163字，綜合各家意見，釋文如下：

唯十又八年十又三月既
生霸丙戌，王在周康宮夷
宮，道入佑吳虎。王命膳夫
豐生、嗣工雍毅申厲王命：
取吳蓋舊疆付吳虎。厥北疆
䜌人眔疆，厥東疆官人眔
疆，厥南疆畢人眔疆，厥西
疆葊姜眔疆。厥俱履封：豐
生、雍毅、伯道、内嗣土寺桒。
吳虎拜，稽首。天子休。賓膳
夫豐生璋、馬匹。賓嗣工雍
毅璋、馬匹。賓内嗣土寺桒
復瑗。書尹、友、守、史。迺賓史
桒韋兩。虎拜手，稽首，敢對
揚天子丕顯魯休，用作朕皇
祖考庚孟尊鼎，其子孫永寶。

這是一篇轉賜土地的銘文，周宣王將原屬吳蓋的土地轉賜給吳虎，重申厲王之成命，標出四至，派員踏查封地，吳虎按有關禮節賓送有關官員皮幣。該銘有"王在周康宮夷宮"、"王命膳夫豐生、嗣工雍毅申厲王命"兩句，可判定此器爲宣王時器。這再一次證明由唐蘭先生二十世紀六十年代加以論證的"康宮原則"，是西周銅器斷代的一個重要的原則問題。

另外較重要的金文資料如《考古》1994年第1期介紹的現藏美國聖路易市私人收藏的師克盨銘，是西周晚期一篇十分重要的銘文，但應注意，據公佈的材料看，其蓋銘有可能是僞刻品。又如陝西周原新出土的師湯父鼎（《考古》1999年第4期），河南洛陽東郊出土的召伯虎盨（《考古》1995年第9期）等也都是十分重要的金文資料。

這一階段新公佈的一批長銘文編鐘資料，值得重視。晉侯蘇編鐘是山西曲沃北趙村晉侯墓地出土的一組編鐘，其中十四枚流散香港，爲上海博物館搶救回來，另兩枚出土于北京大學考古系與山西省博物館聯合發掘的八號墓。編鐘分兩組，各八枚。銘文爲刻款，共計342字，另有重文9字，合文5字。綜合各家意見，釋文如下：

唯王卅又三年，王親遹
省東國、南國。正月既生

霸戊午，王步自宗周。二
月既望癸卯，王入格成周。二月
既死霸壬寅，王償往東。
三月方死霸，王至于革，
分行。王親命晉侯蘇：率
乃師，左復，觀。
北復，□，伐夙夷。晉
侯蘇折首百又廿，執
訊廿又三夫，王至于
勳城，王親遠省師。王
至晉侯蘇師，王降自車，立南嚮。
親命晉侯蘇：自西北
敦伐勳城。晉侯率
厥亞旅、小子、戜人先陷
入，折首百，執訊
十又一夫。王至，
淖=列=，夷出奔。
王命晉侯蘇
率大室小臣
車僕從
逋逐之。晉侯折首百又
一十，執訊廿夫；大室小臣
車僕折首百又五十，執訊
六十夫。王唯返，歸在成周。公族整師，
宮。六月初吉戊寅，旦，王
格大室，即位。王呼膳夫
曰：召晉侯蘇。入門，立中
廷，王親賜駒四匹。蘇拜，稽首，受駒以
出。返入，拜，稽首。丁亥，旦，
王鄦于邑伐宮。庚寅，旦，
王格大室，嗣工揚父入
佑晉侯蘇，王親齎晉侯蘇秬鬯、
弓、矢百、馬四匹。蘇敢揚
天子丕顯魯休，用作

元穌揚鐘，用卲格前=

文人=，其嚴在

上，翼在下，敱=

龔=，降余多

福。蘇其萬

年無疆，子孫=

永寶茲鐘。

銘文記載了在西周晚期某王三十三年，晉侯蘇奉王命討伐山東的夙夷，折首執訊，大獲全勝，周王勞師，並兩次嘉獎賞賜晉侯的史實。銘文除記載了這次重要的史書無載的戰爭之外，還爲我們留下了兩項難得的記錄：一是記錄了“初吉”、“既生霸”、“既望”、“既死霸”、“方死霸”五個記時詞語。在一件器上有這麽完整的時間記録，前所未有，是我們探討西周曆法的重要材料。二是全篇銘文用利器刻出，且筆劃流暢規正，爲我們研究西周晚期的冶金工藝提供了一個新的材料。

近年山西侯馬地區出土大批十分重要的青銅器，部分銅器被盜出境外，令人十分痛心。所幸經過各方努力，有的已被搶救，並得到妥善保護。子犯編鐘的收集過程就是其中一例，先是臺北故宫得到十二枚，2000 年 10 月我去臺北訪問時，承蒙臺北故宫的張光遠先生告知我，另外四枚也已由臺北陳榮鴻夫婦花重金買到。至此，著名的子犯編鐘一套兩組共計十六枚，得以完璧。有關資料現已在臺北《故宫月刊》上公開發表，學術界現在可以完整地觀察研究這批重要資料了。綜合各家意見，作釋文如下：

唯王五月初吉丁未，子犯佑

晉公左右，來復其邦。諸楚荆

不聽命于王所，子犯及晉公

率西之六師搏伐楚荆，孔休。

大攻楚荆，喪厥師，滅厥央。子

犯佑晉公左右，燮諸侯，得朝

王，克奠王位。王賜子犯輅車、

四駐、衣裳、黼市、佩。諸侯羞元

金于子犯之所，

用爲穌鐘糾堵。

孔淑且碩，乃

穌且鳴。用宴

用寧，用享用

孝。用祈眉壽，

萬年無疆。子=

孫=永寶用樂。

銘文記錄了春秋時期晉文公在其舅父子犯的輔佐下，出亡復國，經過城濮之戰，大敗楚國，稱霸諸侯的歷程，印證了《左傳》所記。

此外，陝西周原地區新出土的楚公豖鐘、保利藝術博物館收集的戎生編鐘、三門峽出土的虢季編鐘、陝西眉縣出土的逨編鐘、江蘇丹徒出土的 遷邟編鐘、遷邟編鎛、河南淅川下寺出土的二十六件一套的王孫誥編鐘和𪘲編鐘、𪘲編鎛等，除了其銘文十分重要外，它們對音樂史研究的價值也是不容低估的。

在新發現的春秋時期青銅器中，又陸續又出現了一些新的記時資料，如：湖北穀城出土的𦅫兒罍記有“唯正月初、冬吉”，可證明此時記時詞語中，在正月裏有“初吉”和“終吉”兩個“吉日”，這對我們認識“初吉”一詞的含義很有啓發作用。另外，湖北襄樊出土的鄭臧公之孫鼎記有“唯正六月吉日唯巳”、河南南陽出土的應侯之孫丁兒鼎蓋記有“唯正七月壬午”。1993 年出版的《香港第二屆中國古文字學國際研討會論文集》收有劉雨發表的《殷周金文中的閏月》一文，該文收集了十件帶有“正某月”的金文資料，如西周晚期的應侯見工鐘、鼄乎簋、呂服余盤記有“唯正二月”，春秋時期的上鄀公敄人簋蓋記有“唯鄀正二月”，鄀公敄人鐘記有“唯鄀正四月”，上鄀府簠記有“唯正六月”，申公彭宇簠記有“唯正十又一月”，寬兒鼎記有“唯正八月”，余購剩兒鐘記有“唯正五月”，戰國時期的陳侯因資敦記有“唯正六月”等。考慮到“閏”字是戰國晚期才出現的新字，故推測“正某月”就是後世的“閏某月”，上述材料可認爲是對該文的補充。該文發表後，有人提出反駁意見，並提出“正某月”也可能是“周王曆法的某月”的看法。此次本書收進的材料裏有山東臨淄出土的梁可忌豆，該銘記有“唯王正九月，辰在丁亥”一句，這是一件十分重要的新材料，“王正九月”似不好還講成是“周王曆法的九月”，“丟字解經”總是難以令人信服的，無疑應該理解爲“周王曆法的閏九月”。上述材料說明，從西周晚期開始，周王室的曆法中，實行了過渡性的“年中二月置閏”和“年終置閏”並行的“閏法”，大概進入東周以後，人們就掌握了“無中氣置閏”的規律，一律在年中無中氣的月份置閏了。這些新的資料爲我們進一步探討兩周時代的曆法，特別是閏法，提供了十分有用的資料。

北京保利藝術博物館入藏了一件鈹，銘文有“工盧大𠭯矢”句，《保利藏金》一書奇怪的稱其爲工盧大𠭯矛，且作了頗爲迂曲的考證。按：金文“𠭯”、“祖”通用，例證不煩累舉，大𠭯即大祖，“工盧大𠭯”猶“工盧大叔”（《東南文化》1991 年第 1 期著錄一件盤，銘文爲“工盧大叔□□自作行盤”），是吳國固有之稱謂。此鈹形兵器而稱矢，蓋指其功用如“投槍”之屬，可遠距離投擲，其殺傷敵人類似於“矢”，含義是十分淺白的。倒是這個“矢”字，給鈹這類兵器的功用作了一個很好的注解。

本書最後收入的幾件符節是十分有意思的，《殷周金文集成》限於體例，僅收錄了戰國晚期的杜虎符和新郪虎符。“王命車駐”虎節是西漢南越王墓中保存下來的戰國晚期符節，陽陵虎符是秦代虎符，本書將兩器一併收進。此外還收進了當年吳大澂收藏過的秦櫟陽虎符，這件虎符流出海外多年，現已不知下落，難得的是英國倫敦富士比拍賣行的檔案材料裏保留了它的照片，雖然祇能看見半個虎身，但據陽陵虎符的銘文，補足全銘是不困難的。陽陵、櫟陽兩件秦代虎符，已超出本書收器範圍，但因其特別重要而破例收入。本書1189號器元年丞相斯戈銘爲“元年丞相斯造。櫟陽左工去疾、工上。”説明秦自戰國以來，櫟陽已是重要的軍工生産基地。這些材料的公佈，無疑會對研究戰國晚期和秦代的符節制度帶來莫大益處。

如上所述，這裏舉出的衹是《殷周金文集成》出版以後收集到的千餘件銘文中很小一部分資料，但其重要性是顯而易見的。將這些資料彙集到一起，會給大家的研究工作帶來一些方便。

劉　雨

2000年11月17日

凡　　例

一、本書是《殷周金文集成》出版以後，陸續發現的殷周金文新資料的彙編，資料主要取自國內外報刊雜誌以及有關考古報告、銅器圖録等。其中正編收器 1258 件，附録收器 96 件，共計 1354 件。

二、本書收器的時代下限斷在秦統一前，共分九期：

商代前期	成湯滅夏至盤庚遷殷	公元前 1600–前 1300 年
商代後期	盤庚遷殷至殷紂亡國	公元前 1300–前 1027 年
西周早期	武王伐紂至昭王	公元前 1027–前 966 年
西周中期	穆恭懿孝夷諸王	公元前 966–前 865 年
西周晚期	厲（共和）宣幽諸王	公元前 865–前 771 年
春秋前期	周平至周惠諸王	公元前 771–前 652 年
春秋後期	周襄至周敬諸王	公元前 652–前 476 年
戰國前期	周元至周烈諸王	公元前 476–前 369 年
戰國後期	周顯王至秦王政廿六年	公元前 369–前 221 年

三、本書以彙集銘文資料爲主，拓片一般用原大。爲方便學者研究，參考圖像、銘文釋文、文字說明皆與拓片編於一處。

四、根據名從主人的原則，器名以作器者名爲準。

五、銘文中的重文、合文括注另計，不計算在總字數內；族名文字字數依識別情況統計，如“[illegible]”識爲“無終”，則記 2 字；“[illegible]”字不識，則記爲 1 字。

六、銘文中的假借、形訛字的釋文，一般直接寫成典籍用字，文中不再隸定括注。如：“且”作“祖”，“乍”作“作”，“釁”作“眉”等。 文中缺字以“□”表示；模糊字以意補之者，用“[ ]”表示。

七、資料中凡銘文字蹟不清、無法利用者列爲附録，附録之器的"說明"與正編基本相同，拓片、釋文及圖片則告暫缺，容後取得較清晰者，再另行補充。

八、爲便於分類檢索，本書後附《銘文人名索引》、《銘文官名索引》、《銘文地名索引》、《銘文族名索引》 以及 《器物出土地表》、《器物現藏地表》、《器物時代分期表》、《引用書目及簡稱表》。

九、本書收集資料工作大體截止至一九九九年五月底。

正　编

目　　録

29	戎生編鐘	26	48
30	戎生編鐘	21	51
31	戎生編鐘	15	54
32	戎生編鐘	11	55
33	戎生編鐘	9	56
34	戎生編鐘	7	57
35	晉侯蘇編鐘	39	60
36	晉侯蘇編鐘	39	63
37	晉侯蘇編鐘	36	66
38	晉侯蘇編鐘	24	69
39	晉侯蘇編鐘	12	70
40	晉侯蘇編鐘	10	71
41	晉侯蘇編鐘	4	72
42	晉侯蘇編鐘	3	73
43	晉侯蘇編鐘	40	74
44	晉侯蘇編鐘	40	77
45	晉侯蘇編鐘	39	80
46	晉侯蘇編鐘	24	83
47	晉侯蘇編鐘	10	84
48	晉侯蘇編鐘	8	85
49	晉侯蘇編鐘	5	86
50	晉侯蘇編鐘	4	87
51	𪓑編鐘	48	90
52	𪓑編鐘	28	93
53	𪓑編鐘	28	96
54	𪓑編鐘	22	99
55	𪓑編鐘	23	102
56	𪓑編鐘	12	105
57	𪓑編鐘	14	108
58	𪓑編鐘	3	111
59	𪓑編鐘	6	112
60	王孫誥編鐘	108	118
61	王孫誥編鐘	108	122
62	王孫誥編鐘	106	125

一、 鐘鎛、鐃、鐸類

1 茲其鐘

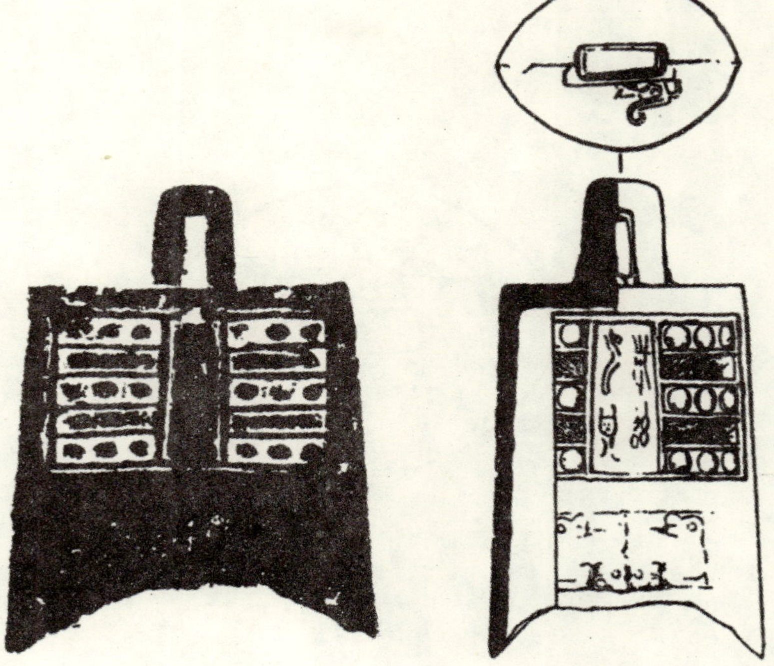

□茲
□其

字數:4
度量:通高 14.3 釐米
時代:戰國前期
著録:《華夏考古》1988 年 3 期 8—9 頁
出土: 1985 年河南葉縣舊縣村墓葬 M1:41
現藏:河南葉縣文化館

2 康樂鐘

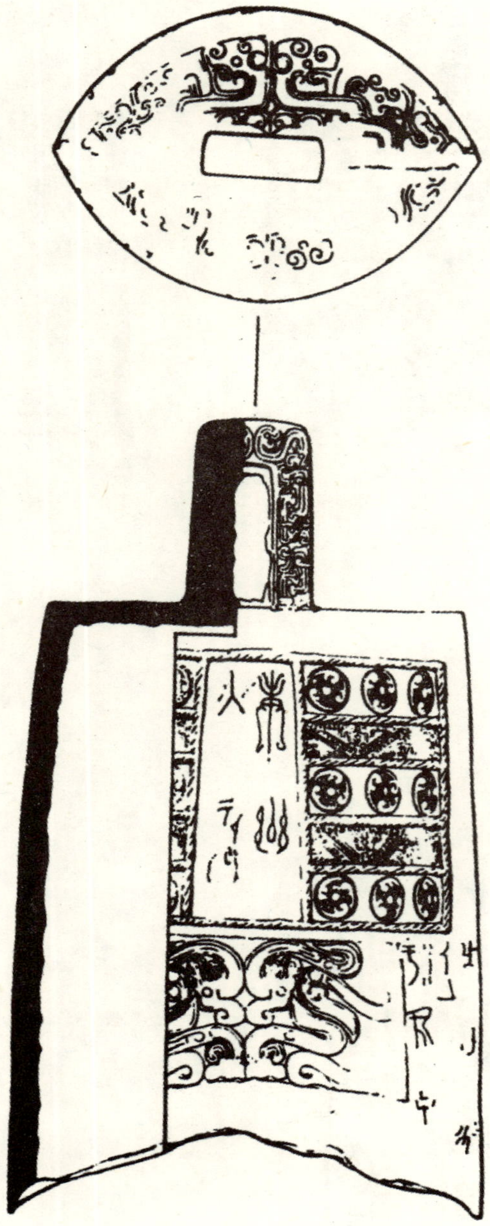

字數：10
度量：通高 24. 5 釐米
時代：戰國前期
著録：《華夏考古》1988 年 3 期 8—9 頁
出土：1985 年河南葉縣舊縣村墓葬 M1：45
現藏：河南葉縣文化館

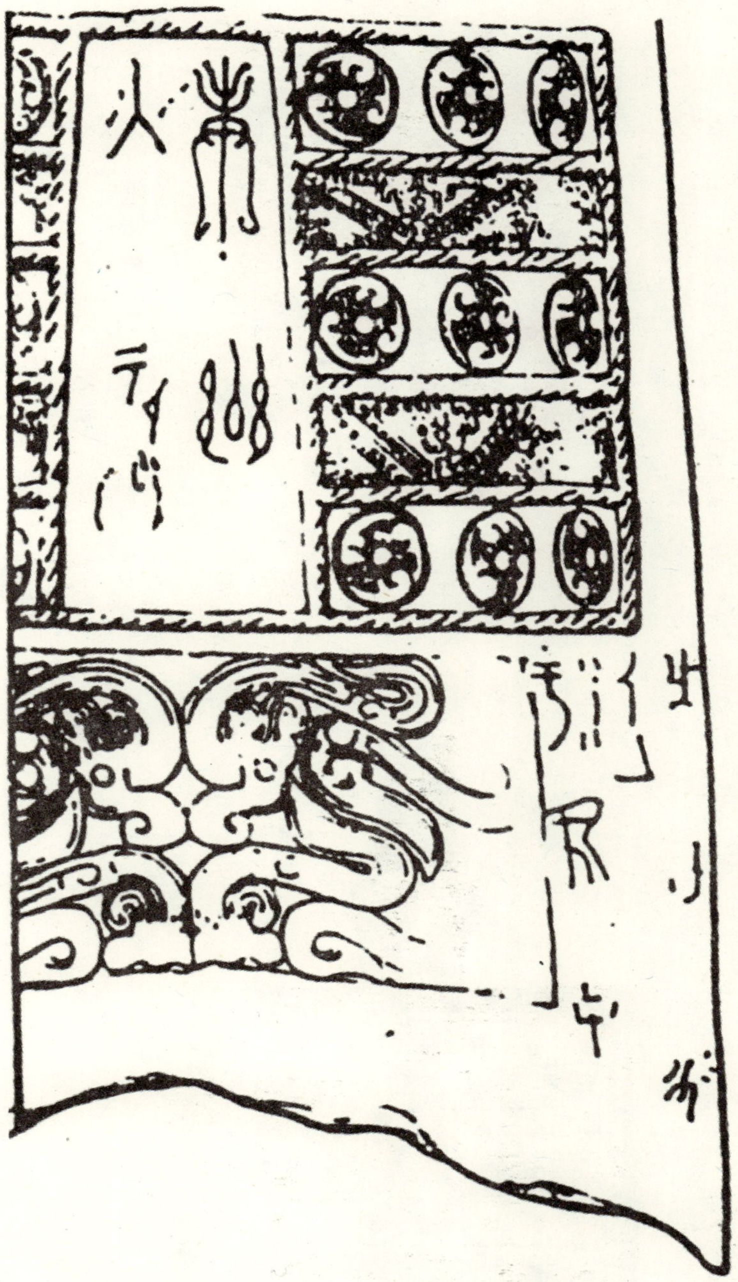

□□□
于君子
康樂
□□

3 楚公冡鐘

字數:15(又重文 2)
度量:通高 33.4 釐米,重 8.7 千克
時代:西周晚期
著録:《考古》1999 年 4 期 20—21 頁
出土:1998 年 7 月 17 日陝西周原召陳村
現藏:陝西周原博物館

楚公冢自作寶大林
龢鐘，孫子=其永寶。

莒公孫潮子編鎛

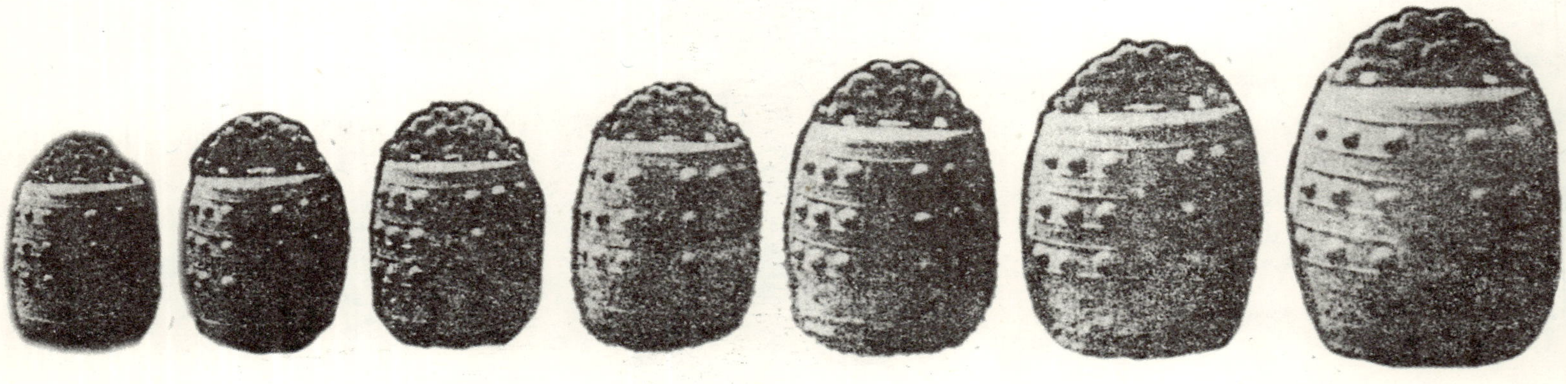

4 莒公孫潮子編鎛

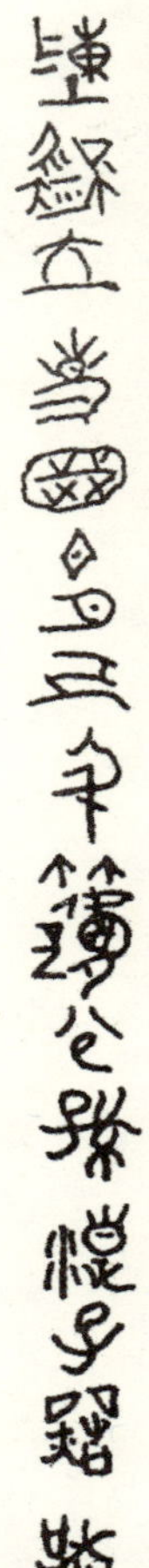

陳翊涖事歲十月己丑，莒公孫潮子造器。

字數:16
度量:最大的通高 51.4 釐米,最小的通高 30.5 釐米
時代:戰國前期
著録:《文物》1987 年 12 期 49 頁
出土:1975 年山東諸城縣臧家莊墓葬
現藏:山東諸城縣博物館
備注:該組編鎛共出土七枚,1、4 號鎛銘文相同

5 莒公孫潮子編鎛

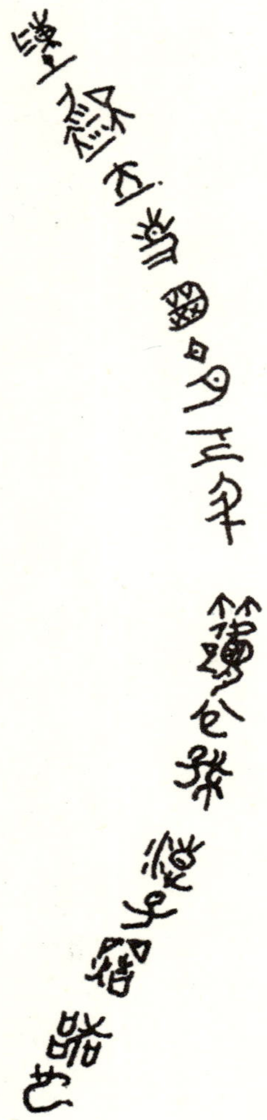

陳翊涖事歲十月己丑，莒公孫潮子造器也。

字數:17
時代:戰國前期
著録:《文物》1987 年 12 期 49 頁
出土:1975 年山東諸城縣臧家莊墓葬
現藏:山東諸城縣博物館
備注:該組編鎛共出土七枚,2、7 號鎛銘文相同

莒公孫潮子編鐘

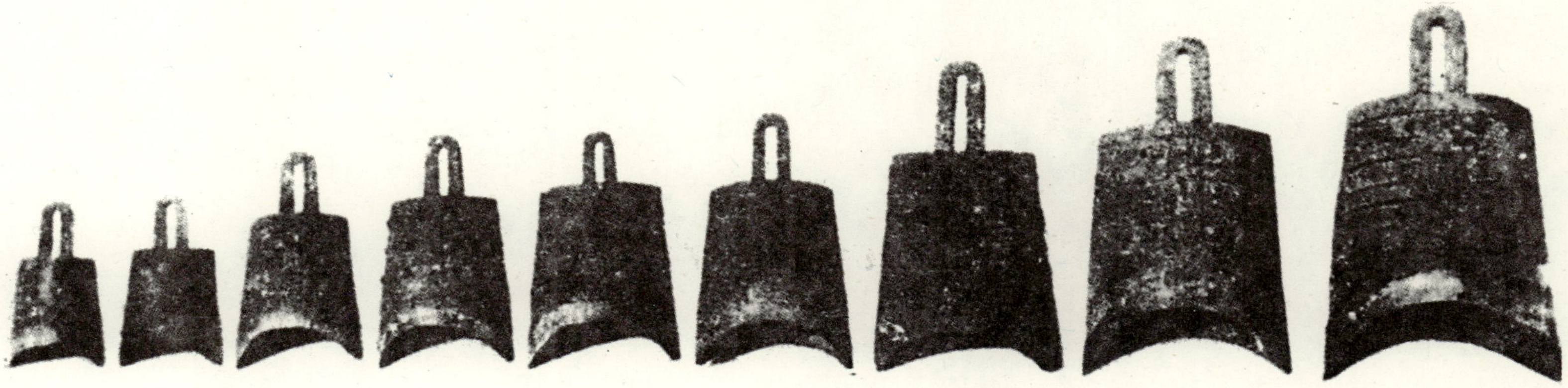

6 莒公孫潮子編鐘

陳翊涖事歲十月己丑，莒公孫潮子造器。

字數:16
度量:最大的通高 37.8 釐米,最小的通高 16.5 釐米
時代:戰國前期
著録:《文物》1987 年 12 期 49 頁
出土:1975 年山東諸城縣臧家莊墓葬
現藏:山東諸城縣博物館
備注:該組編鐘共出九枚,1、6、7、8、9 號鐘爲單行銘文,2、3、4、5 號鐘爲雙行銘文,8、9 號鐘銘在另側續銘

7 莒公孫潮子編鐘

陳𩵋涖事歲十月己丑，莒公孫潮子造器也。

字數：17
時代：戰國前期
著録：《文物》1987年12期49頁
出土：1975年山東諸城縣臧家莊墓葬
現藏：山東諸城縣博物館

8 莒公孫潮子編鐘

陳𧦝湆事歲十月己丑，
莒公孫潮子造器也。

字數：17
時代：戰國前期
著録：《文物》1987年12期49頁
出土：1975年山東諸城縣臧家莊墓葬
現藏：山東諸城縣博物館

9 莒公孫潮子編鐘

陳翊泣事歲十月己丑，莒公孫潮子造器也。

字數：17
時代：戰國前期
著録：《文物》1987年12期49頁
出土：1975年山東諸城縣臧家莊墓葬
現藏：山東諸城縣博物館

子犯編鐘

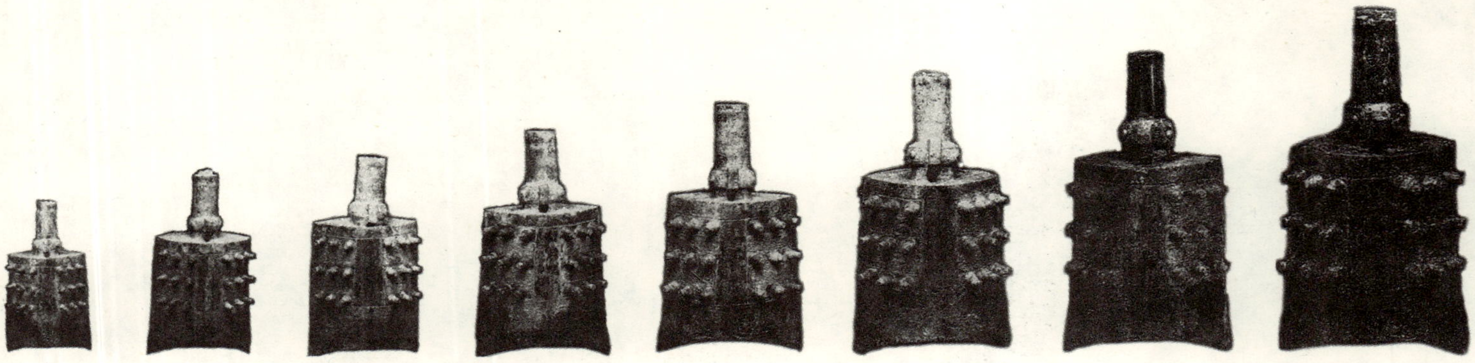

子犯編鐘銘文

唯王五月初吉丁未，子犯佑晉公左右，來復其邦。諸楚荆不聽命于王所，子犯及晉公率西之六師搏伐楚荆，孔休。大攻楚荆，喪厥師，滅厥央。子犯佑晉公左右，燮諸侯，得朝王，克奠王位。王賜子犯輅車、四駐、衣裳、黼市、佩。諸侯羞元金于子犯之所，用爲龢鐘糾堵。孔淑且碩，乃龢且鳴。用宴用寧，用享用孝。用祈眉壽，萬年無疆。子=孫=，永寶用樂。

（該編鐘一套八枚，全銘一百三十字，又重文二字。）

10 子犯編鐘

唯王五月初吉丁未，子犯佑
晉公左右，來復其邦。諸楚荆

字數：22
度量：通高71.2釐米，重44.5千克
時代：春秋後期
著録：《故宫文物月刊》1995年145期4—29頁
現藏：臺北故宫博物院
備注：此套編鐘出土兩組各八枚，共計十六枚。八枚銘文130字（又重文2）合爲完整一篇，共兩篇

11　子犯編鐘

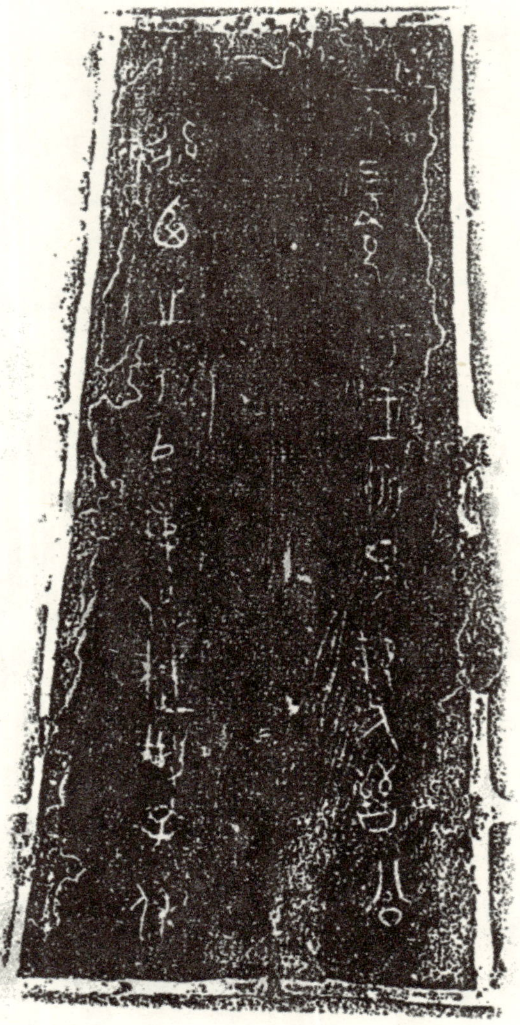

不聽命于王所，子犯及晉公率西之六師搏伐楚荆，孔休。

字數:22
度量:通高 66.7 釐米,重 40.9 千克
時代:春秋後期
著録:《故宫文物月刊》1995 年 145 期 4—31 頁
現藏:臺北故宫博物院

12 子犯編鐘

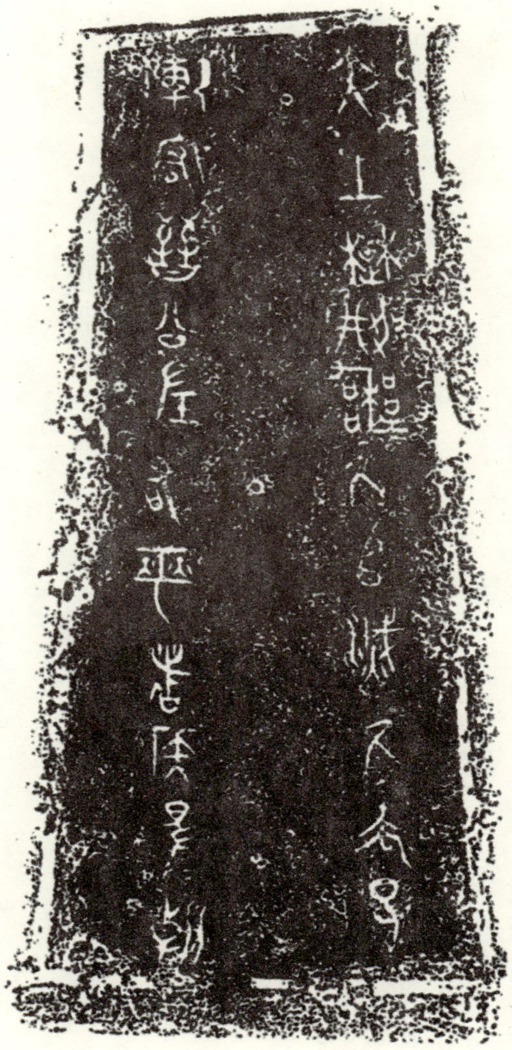

大攻楚荆，喪厥師，滅厥央。子犯佑晉公左右，燮諸侯，得朝

字數:22
度量:通高 67.6 釐米,重 41.2 千克
時代:春秋後期
著録:《故宫文物月刊》1995 年 145 期 4—30 頁
現藏:臺北故宫博物院

13 子犯編鐘

王，克奠王位。王賜子犯輅車、四駐、衣裳、黼市、佩。諸侯羞元

字數:22
度量:通高 61.7 釐米,重 43.2 千克
時代:春秋後期
著録:《故宫文物月刊》1995 年 145 期 4—31 頁
現藏:臺北故宫博物院

14 子犯編鐘

金于子犯之所，
用爲龢鐘糾堵。

字數：12
度量：通高 44 釐米，重 15.8 千克
時代：春秋後期
著録：《故宫文物月刊》1995 年 145 期 118—123 頁
現藏：臺北故宫博物院

15　子犯編鐘

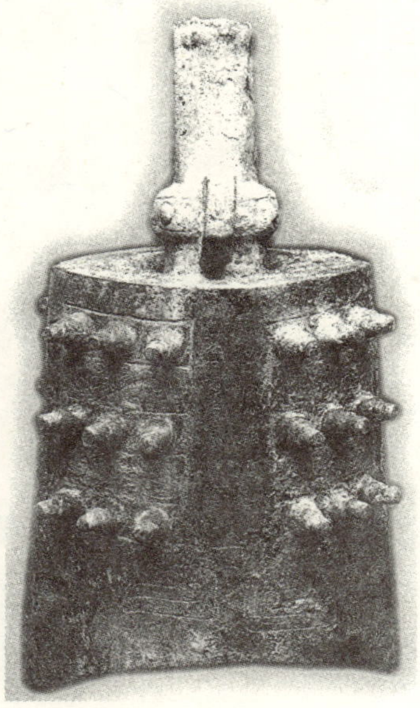

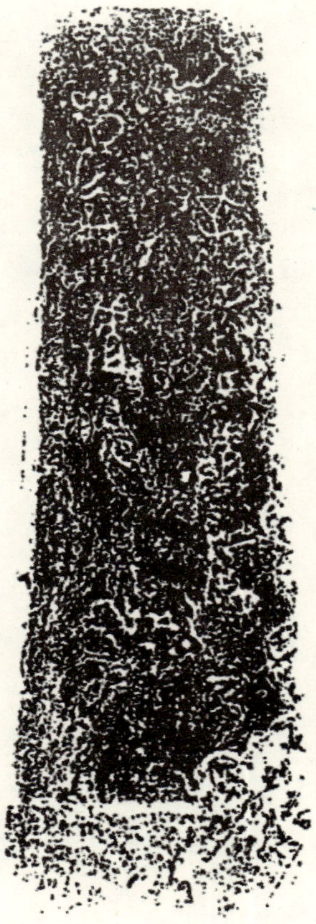

孔淑且碩，乃
龢且鳴。用宴

字數：10
度量：通高 42 釐米，重 15.4 千克
時代：春秋後期
著録：《故宮文物月刊》1995 年 145 期 118—123 頁
現藏：臺北故宮博物院

16 子犯編鐘

用寧，用享用孝。用祈眉壽，

字數:10
度量:通高 30.5 釐米,重 6.8 千克
時代:春秋後期
著録:《故宫文物月刊》1995 年 145 期 118—123 頁
現藏:臺北故宫博物院

17 子犯編鐘

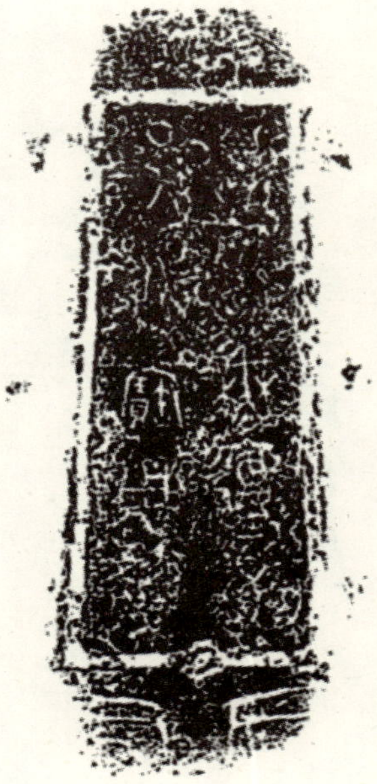

萬年無疆。子=
孫=，永寶用樂。

字數：10（又重文2）
度量：通高28.1釐米，重5.4千克
時代：春秋後期
著録：《故宫文物月刊》1995年145期118—123頁
現藏：臺北故宫博物院

18 子犯編鐘

字數:22
度量:通高 71.4 釐米,重 41.5 千克
時代:春秋後期
著録:《故宫文物月刊》1995 年 145 期 118—123 頁,2000 年 206 期 41—52 頁
現藏:臺北陳鴻榮夫婦
備注:以下八枚爲第二組

唯王五月初吉丁未，子犯佑
晉公左右，來復其邦。諸楚荊

19 子犯編鐘

字數:22
度量:通高 67.5 釐米,重 38 千克
時代:春秋後期
著録:《故宫文物月刊》2000 年 206 期 41—52 頁
現藏:臺北陳鴻榮夫婦

不聽命于王所，子犯及晉公
率西之六師搏伐楚荊，孔休。

20 子犯編鐘

字數:22
度量:通高 66.7 釐米,重 44 千克
時代:春秋後期
著録:《故宫文物月刊》2000 年 206 期 41—52 頁
現藏:臺北陳鴻榮夫婦

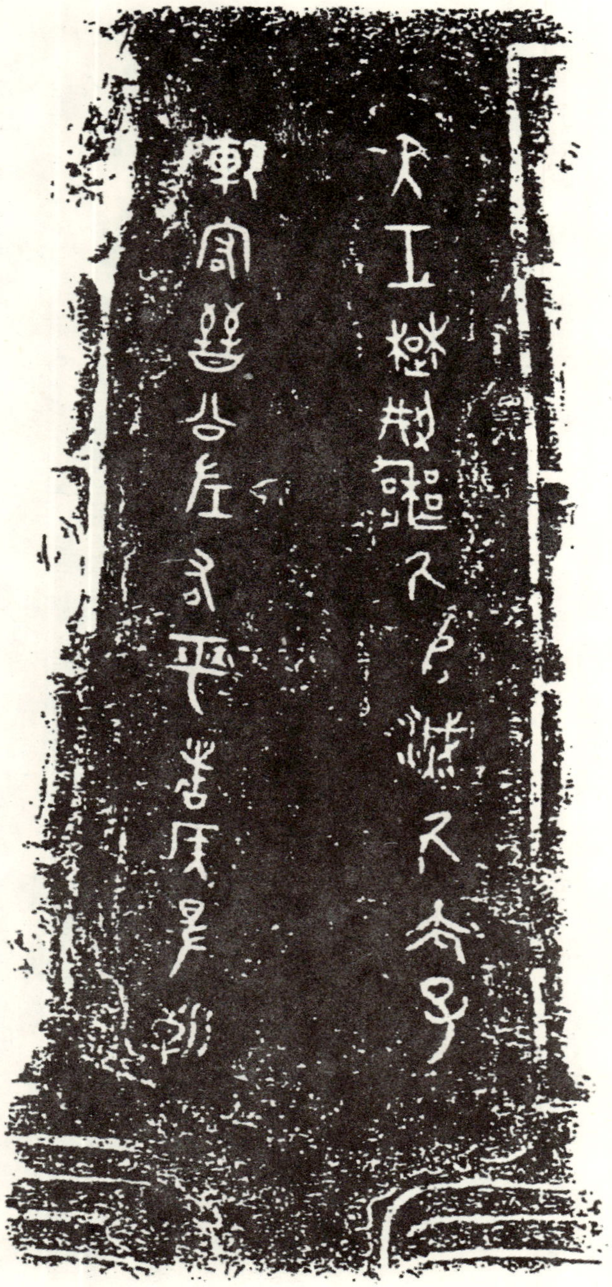

大攻楚荆，喪厥師，滅厥央。子
犯佑晉公左右，燮諸侯，得朝

21 子犯編鐘

字數:22
度量:通高 62.5 釐米,重 42.5 千克
時代:春秋後期
著録:《故宫文物月刊》2000 年 206 期 41—52 頁
現藏:臺北陳鴻榮夫婦

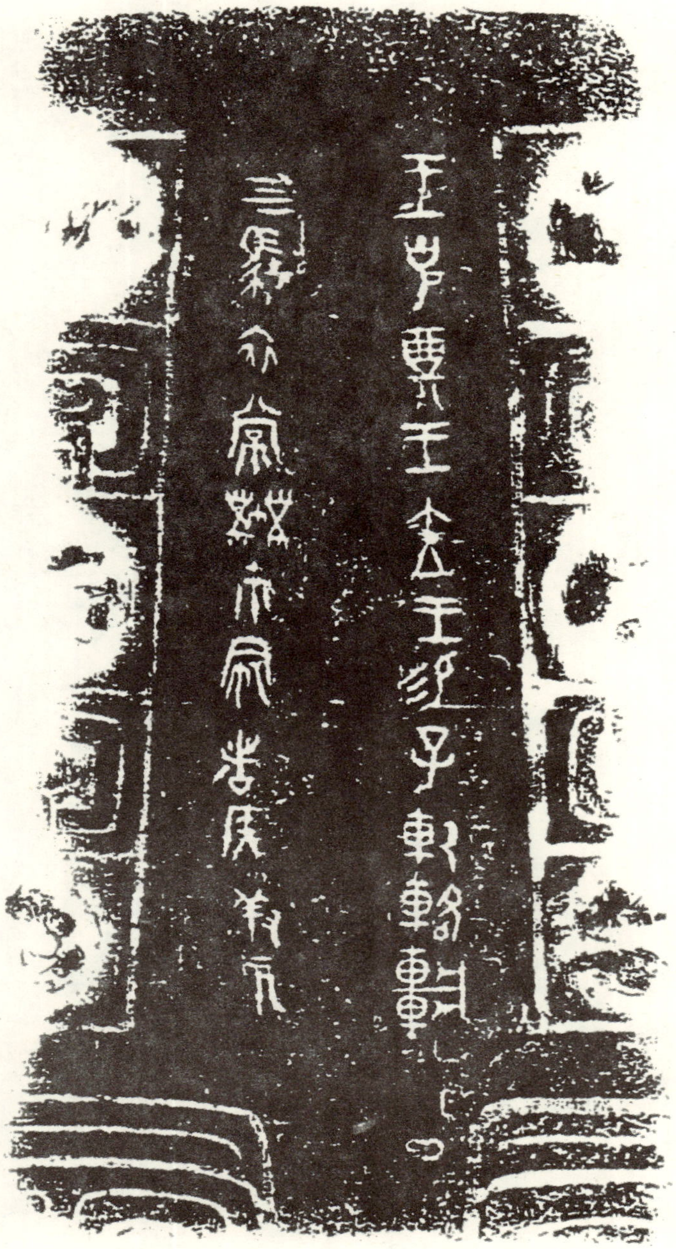

王，克奠王位。王賜子犯輅車、
四駐、衣裳、黼市、佩。諸侯羞元

22 子犯編鐘

金于子犯之所，
用爲龢鐘糾堵。

字數:12
度量:通高 44.5 釐米,重 16.5 千克
時代:春秋後期
著録:《故宫文物月刊》1995 年 145 期 118—123 頁
現藏:臺北故宫博物院

23 子犯編鐘

龢且鳴。用宴
孔淑且碩，乃

字數:10
度量:通高 41.5 釐米,重 15.4 千克
時代:春秋後期
著録:《故宫文物月刊》1995 年 145 期 118—123 頁
現藏:臺北故宫博物院

24 子犯編鐘

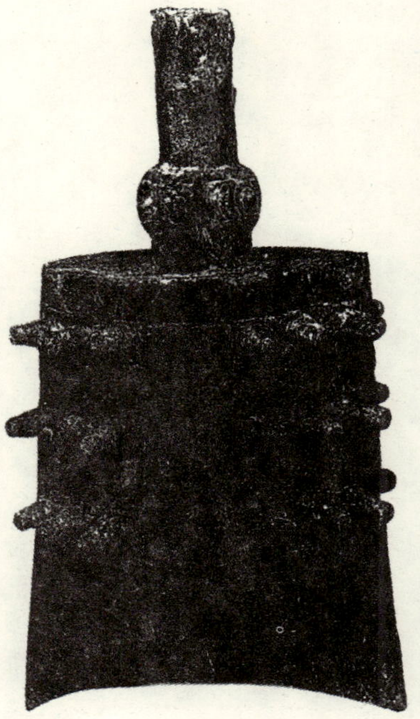

用寧，用享用孝。用祈眉壽，

字數：10
度量：通高 30.5 釐米，重 6.8 千克
時代：春秋後期
著録：《故宫文物月刊》1995 年 145 期 118—123 頁
現藏：臺北故宫博物院

25　子犯編鐘

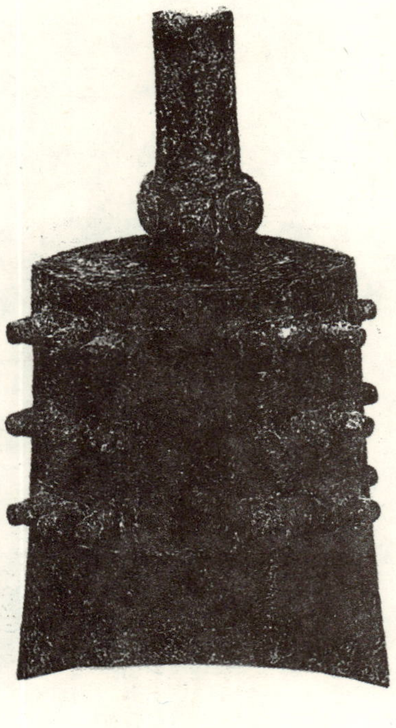

萬年無疆。子=
孫=，永寶用樂。

字數：10（又重文2）
度量：通高28釐米，重5.5千克
時代：春秋後期
著録：《故宫文物月刊》1995年145期118—123頁
現藏：臺北故宫博物院

26 鄢子受編鐘

配厥
休。
唯十又
四年，唯
□月
戊申，

亡作
東鄂，
鄦子受
作鸞彝
歌鐘，
其永

鄬子受編鐘銘文

唯十又四年，唯□月戊申，鄬子受作𩰫彝歌鐘，其永亡祚東鄂，配厥休。

字數:27
度量:最大的通高39釐米,最小的通高13.5釐米
時代:春秋後期
著録:《江漢考古》1995年1期47頁
出土:1990年河南淅川縣和尚嶺墓葬
備注:同出鎛八件、紐鐘九件,共十七件。較大者每枚鐘鎛皆全銘,較小者則二至四枚鑄一全銘

戎生編鐘

戎生編鐘銘文

唯十又二月乙亥，戎生曰：休辝皇祖憲公，
趄=趩=，啟厥明心，廣經其猷，臧爯穆天子歔霝，
用建于茲外土，潏𤔲蠻戎，用幹不廷方。至于辝
皇考卲伯，趩=穆=，懿歔不朁，𥃝匹晉侯，用龔王
命。今余弗叚廢其覭光，對揚其大福。劼遣魯
責，俾譖征緐湯，取厥吉金，用作寶協鐘。厥音
雍=，鎗=銿=，𤥨=鴋=，即龢且淑。余用卲追孝于皇祖皇
考，用祈𦯨眉壽。戎生其萬年無疆，黃耇有𥡴，
畯保其子孫，永寶用。

（該編鐘一套八枚，全銘一百四十五字，又重文九
字。）

戎生編鐘形制數據

單位：釐米

序號	通高	甬長	甬上徑	甬下徑	舞修	舞廣	中長	銑長	鼓間	銑間	壁厚	枚長
1	51.7	17.0	4.8～4.1	5.6～5.2	27.2	19.5	29.5	34.6	21.7	30.4	1.0	3.3
2	49.8	16.9	4.9～3.9	5.3～4.6	25.8	18.0	26.9	33.0	19.7	28.9	1.1	3.2
3	45.6	15.5	4.1～3.9	5.1～4.8	22.0	14.9	24.1	30.5	17.4	27.5	1.1	3.0
4	41.1	13.6	4.1～3.7	4.7～4.4	20.6	14.2	21.8	27.9	15.8	24.6	1.1	3.1
5	31.7	10.6	3.5～3.1	3.9～3.7	15.1	10.5	16.9	21.6	12.1	17.9	1.1	2.5
6	28.5	10.2	3.2～2.7	3.4～3.0	13.3	9.3	14.4	18.5	10.4	15.6	0.9	2.2
7	22.7	7.1	2.4～2.0	2.7～2.5	9.8	6.9	12.8	15.1	8.01	11.7	0.7	1.6
8	21.4	8.2	2.0～2.0	2.5～2.3	8.7	6.1	10.5	12.9	7.2	10.2	0.8	1.3

戎生編鐘測音數據

單位：音分　赫茲

序號		1	2	3	4	5	6	7	8
正鼓音	音名	#A3－15	#C4＋17	E4＋7	#G4＋30	E5＋37	G5＋32	F6－23	A6－13
	頻率	231.01	279.94	331.09	422.60	673.73	798.97	1378.89	1747.75
側鼓音	音名	C4－28（不明確）	不明確	G4＋4	B4－46	#G5－26	B5－20	#G6－13	B6＋39
	頻率	272.80	393.00	480.95	818.46	976.49	1649.29	2020.92	

27 戎生編鐘

字數:29(又重文 2)
度量:通高 51.7 釐米,重 15.4 千克
時代:西周晚期
著録:《文物》1999 年 9 期 75—80 頁
現藏:北京保利藝術博物館
備注:此組編鐘共八枚,銘文 145 字(又重文 9)合爲一篇

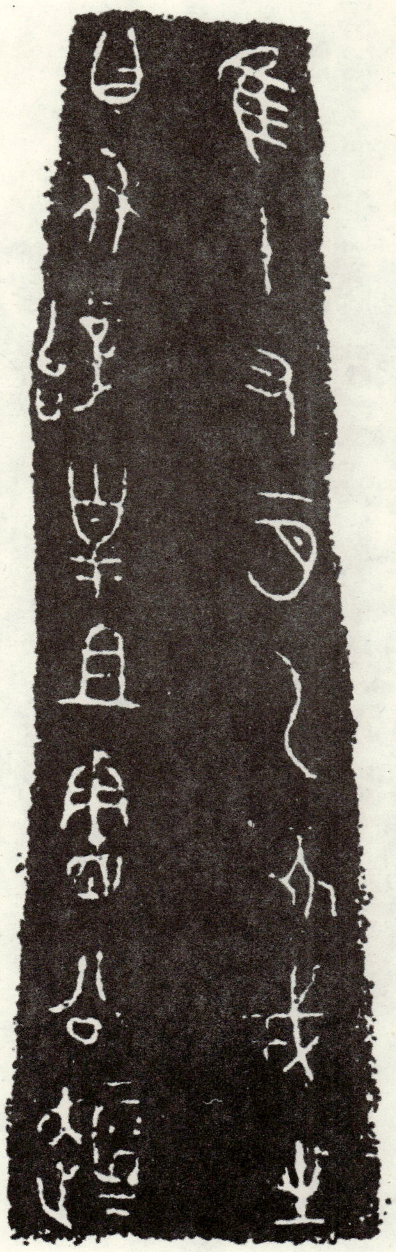

唯十又二月乙亥，戎生
曰：休辞皇祖憲公，趞=

趩=，啟厥明
心，廣經其
猷，越再穆

28 戎生編鐘

字數:27(又重文 1)
度量:通高 49.8 釐米,重 15.4 千克
時代:西周晚期
著録:《文物》1999 年 9 期 75—80 頁
現藏:北京保利藝術博物館

天子歂霝，用建于兹外
土，⿰爿矞𤔲鑾戎，用榦不

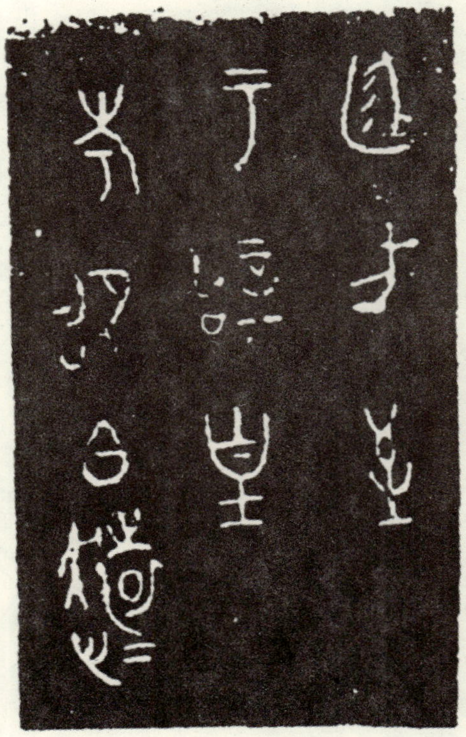

廷方。至
于辟皇
考卲伯，趞=

29 戎生編鐘

字數:26(又重文 1)
度量:通高 45.6 釐米,重 12.7 千克
時代:西周晚期
著録:《文物》1999 年 9 期 75—80 頁
現藏:北京保利藝術博物館

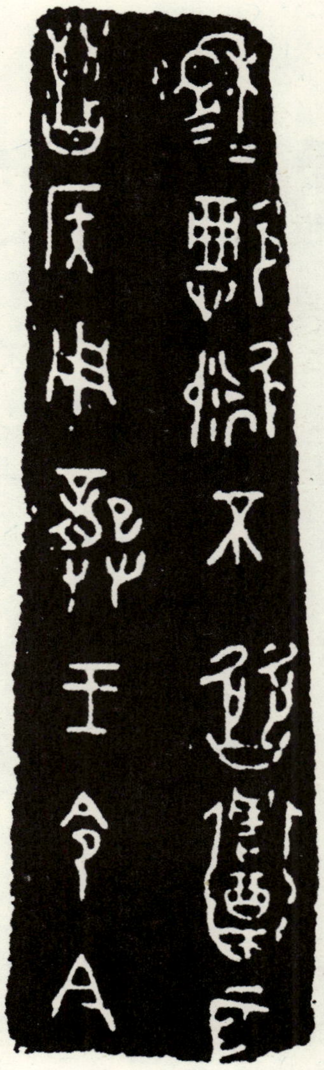

穆=，懿歠不朁，䀄匹

晉侯，用龏王命。今

余弗段
廢其覲
光，對揚
其大福。

30 戎生編鐘

字數:21(又重文 1)
度量:通高 41.1 釐米,重 11.1 千克
時代:西周晚期
著録:《文物》1999 年 9 期 75—80 頁
現藏:北京保利藝術博物館

劼遣魯責，俾
譖征緐湯，取

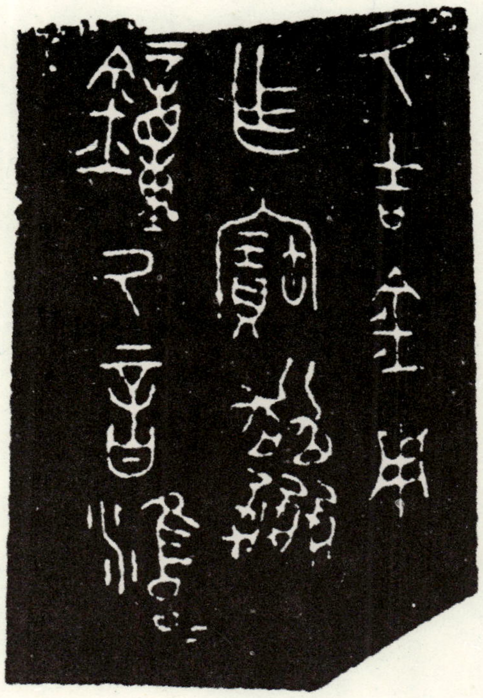

厥吉金，用作寶協鐘。厥音雍，

31 戎生編鐘

鎗=銿=，⿰干哀=⿰夫鳥=，

即龢且淑。余用卲追孝于皇

字數：15（又重文4）
度量：通高31.7釐米，重6.1千克
時代：西周晚期
著録：《文物》1999年9期75—80頁
現藏：北京保利藝術博物館

32 戎生編鐘

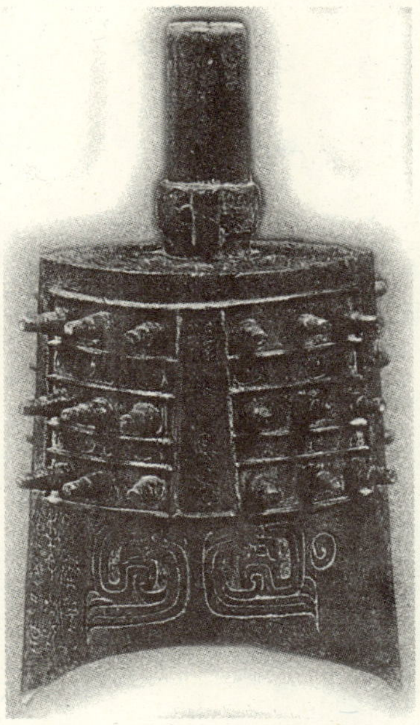

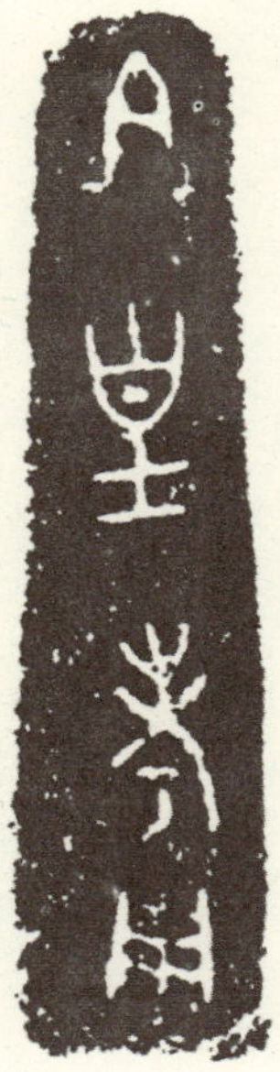

祖皇考，用

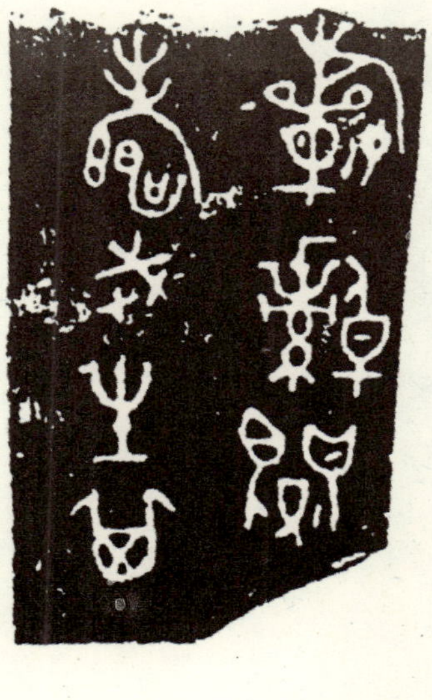

祈𩇦眉

壽。戎生其

字數：11
度量：通高 28.5 釐米，重 4.3 千克
時代：西周晚期
著録：《文物》1999 年 9 期 75—80 頁
現藏：北京保利藝術博物館

33 戎生編鐘

萬年無疆，

黃耇有橐，畯

字數:9
度量:通高 22.7 釐米,重 2.2 千克
時代:西周晚期
著録:《文物》1999 年 9 期 75—80 頁
現藏:北京保利藝術博物館

34 戎生編鐘

保其
子孫，

永
寶用。

字數：7
度量：通高 21.4 釐米，重 2.2 千克
時代：西周晚期
著録：《文物》1999 年 9 期 75—80 頁
現藏：北京保利藝術博物館

晉侯蘇編鐘

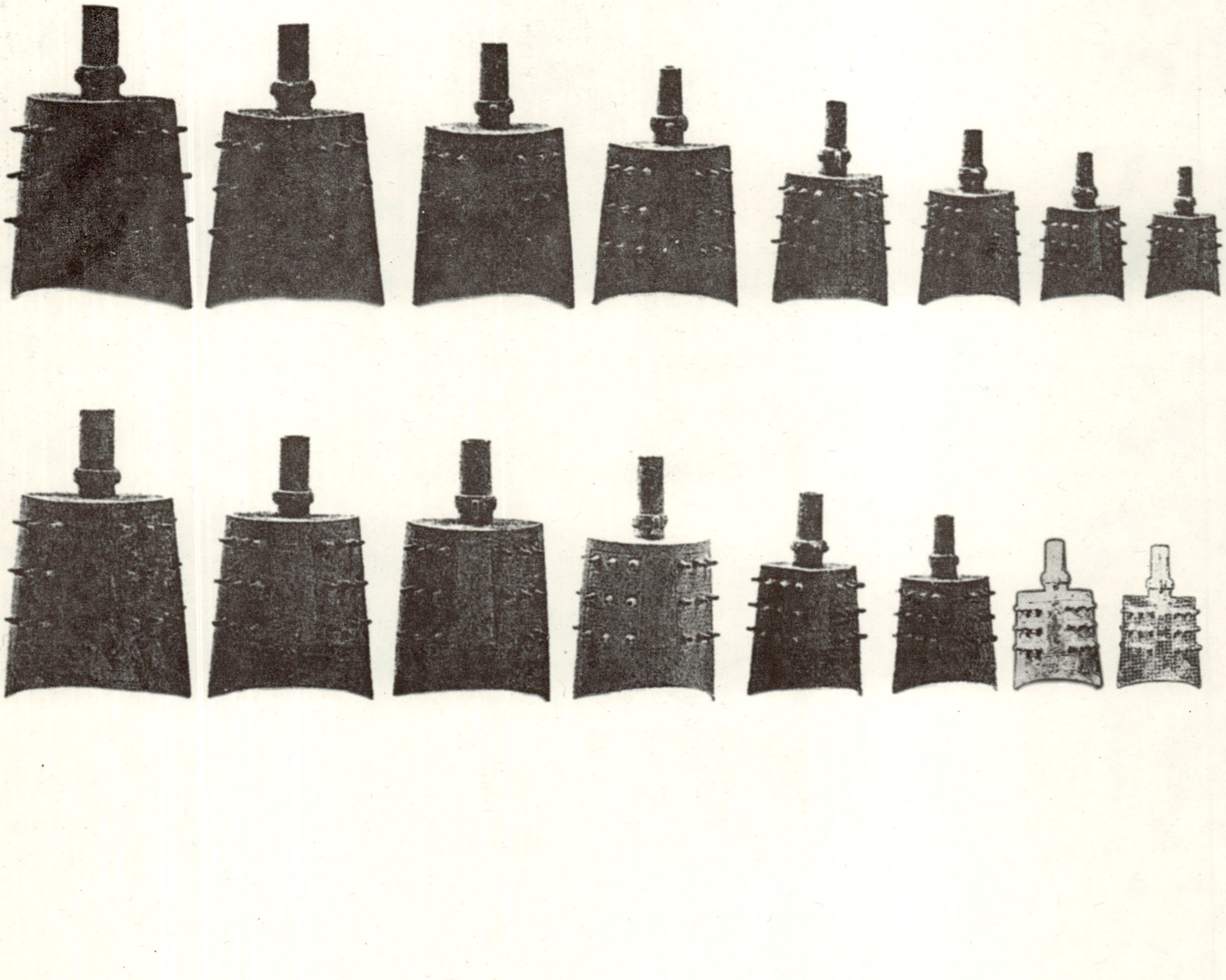

晉侯蘇編鐘銘文

唯王卅又三年，王親遹省東國、南國。正月既生霸戊午，王步自宗周。二月既望癸卯，王入格成周。二月既死霸壬寅，王僨往東。三月方死霸，王至于莗，分行。王親命晉侯蘇：率乃師，左復，觀。北復，口，伐夙夷。晉侯蘇折首百又廿，執訊廿又三夫。王至于勳城，王親遠省師。王至晉侯蘇師，王降自車，立南嚮。親命晉侯蘇：自西北敦伐勳城。晉侯率厥亞旅、小子、戜人先陷入，折首百，執訊十又一夫。王至，淖=烈=，夷出奔。王命晉侯蘇率大室小臣車僕從逋逐之。晉侯折首百又一十，執訊廿夫；大室小臣車僕折首百又五十，執訊六十夫。王唯返，歸在成周。公族整師，宮。六月初吉戊寅，旦，王格大室，即位，王呼膳夫曰：召晉侯蘇。入門，立中廷。王親賜駒四匹。蘇拜，稽首，受駒以出。返入，拜，稽首。丁亥，旦，王鄦于邑伐宮。庚寅，旦，王格大室，𤔲工揚父入佑晉侯蘇，王親齎晉侯蘇秬鬯、弓、矢百、馬四匹。蘇敢揚天子丕顯魯休，用作元龢揚鐘，用邵格前=文人=，其嚴在上，翼在下，斁=𥻆=，降余多福。蘇其萬年無疆，子=孫=永寶茲鐘。

（該編鐘一套十六枚，全銘三百四十二字，又重文九字，合文五字。）

35　晋侯蘇編鐘

字數：39
度量：通高 49 釐米
時代：西周晚期
著録：《上海博物館集刊》1996 年 7 期 3 頁
出土：山西曲沃縣曲村鎮北趙村晋侯墓地
流傳：1992 年 12 月購于香港古玩街
現藏：上海博物館
備注：1992 年 12 月，上海博物館從香港古玩街購晋侯蘇編鐘十四枚，與山西省考古研究所所藏兩枚晋侯蘇編鐘實爲一組，共十六枚。銘文共 342 字（又重文 9，合文 5）合爲一篇

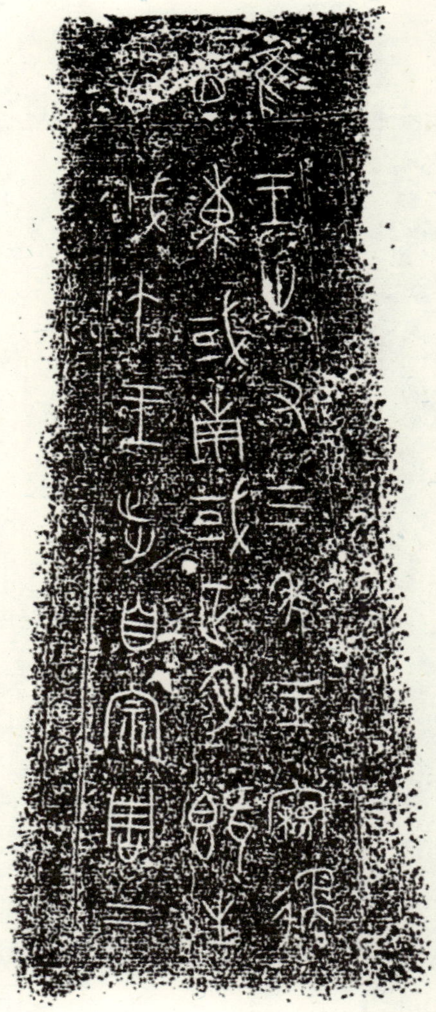

唯王卅又三年，王親遹
省東國、南國。正月既生
霸戊午，王步自宗周。二

月既望癸卯，王入格成周。二月

36 晉侯蘇編鐘

字數:39
度量:通高 49.8 釐米
時代:西周晚期
著録:《上海博物館集刊》1996 年 7 期 4 頁
出土:山西曲沃縣曲村鎮北趙村晉侯墓地
流傳:1992 年 12 月購于香港古玩街
現藏:上海博物館

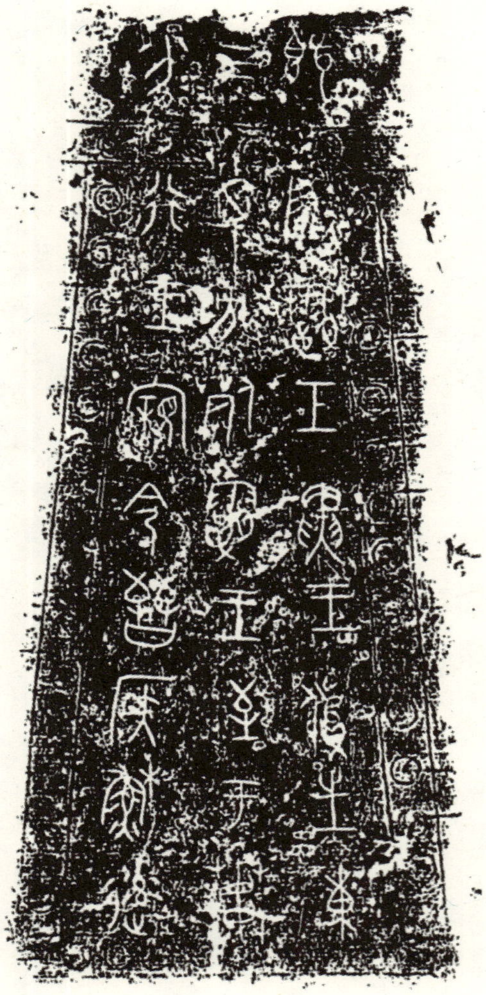

既死霸壬寅，王僨往東。
三月方死霸，王至于萬，
分行。王親命晉侯蘇：率

乃師，左復，觀。北復，□，伐夙夷。晉

37 晉侯蘇編鐘

字數:36
度量:通高 52 釐米
時代:西周晚期
著録:《上海博物館集刊》1996 年 7 期 5 頁
出土:山西曲沃縣曲村鎮北趙村晉侯墓地
流傳:1992 年 12 月購于香港古玩街
現藏:上海博物館

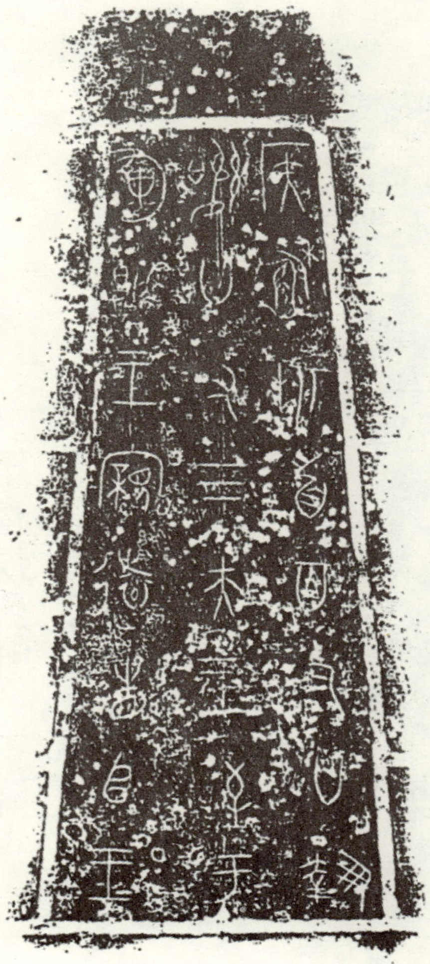

侯蘇折首百又廿，執訊廿又三夫。王至于勳城，王親遠省師。王

至晉侯蘇師，王降自車，立南鄉。

38 晉侯蘇編鐘

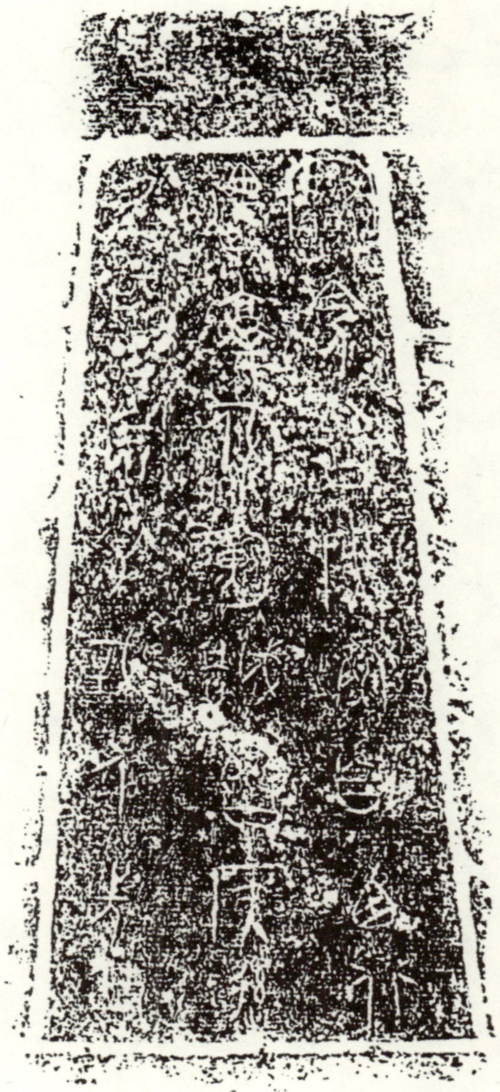

親命晉侯蘇：自西北
敦伐勳城。晉侯率
厥亞旅、小子、戜人先陷

字數:24
度量:通高 44.7 釐米
時代:西周晚期
著録:《上海博物館集刊》1996 年 7 期 6 頁
出土:山西曲沃縣曲村鎮北趙村晉侯墓地
流傳:1992 年 12 月購于香港古玩街
現藏:上海博物館

39 晉侯蘇編鐘

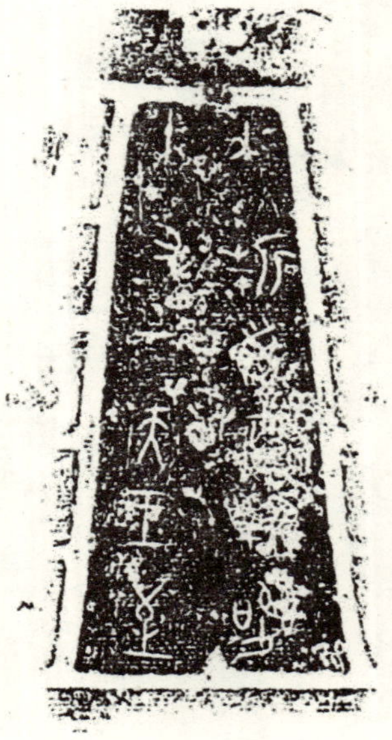

入，折首百，執訊
十又一夫。王至，

字數:12
度量:通高 32.7 釐米
時代:西周晚期
著録:《上海博物館集刊》1996 年 7 期 7 頁
出土:山西曲沃縣曲村鎮北趙村晉侯墓地
流傳:1992 年 12 月購于香港古玩街
現藏:上海博物館

40 晉侯蘇編鐘

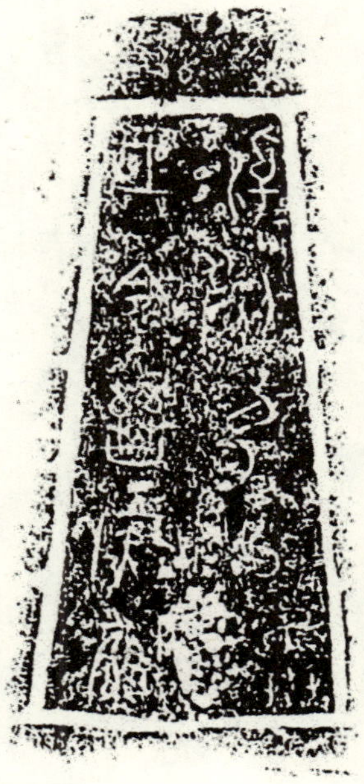

淖=烈=，夷出奔。
王命晉侯蘇

字數：10（又重文2）
度量：通高30釐米
時代：西周晚期
著録：《上海博物館集刊》1996年7期7頁
出土：山西曲沃縣曲村鎮北趙村晉侯墓地
流傳：1992年12月購于香港古玩街
現藏：上海博物館

41 晉侯蘇編鐘

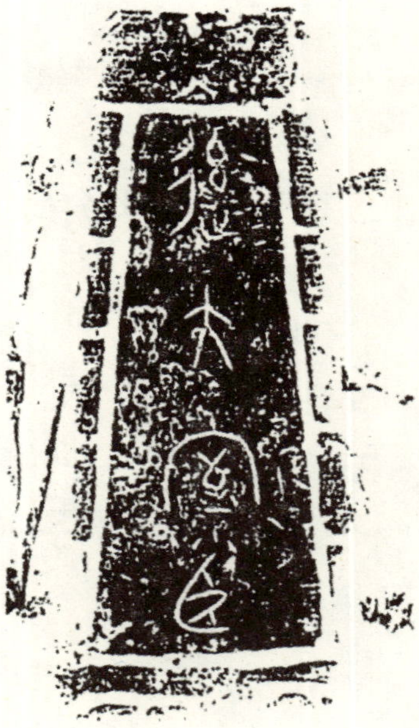

卒大室小臣

字數:4(又合文1)
度量:通高25.3釐米
時代:西周晚期
著録:《上海博物館集刊》1996年7期8頁
出土:山西曲沃縣曲村鎮北趙村晉侯墓地
流傳:1992年12月購于香港古玩街
現藏:上海博物館

42 晉侯蘇編鐘

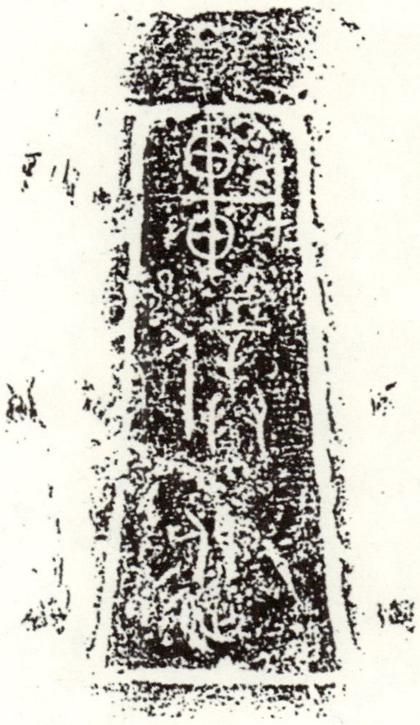

車
僕
從

字數:3
度量:通高 22 釐米
時代:西周晚期
著録:《上海博物館集刊》1996 年 7 期 8 頁
出土:山西曲沃縣曲村鎮北趙村晉侯墓地
流傳:1992 年 12 月購于香港古玩街
現藏:上海博物館

43 晉侯蘇編鐘

字數:40(又合文3)
度量:通高50釐米
時代:西周晚期
著録:《上海博物館集刊》1996年7期9頁
出土:山西曲沃縣曲村鎮北趙村晉侯墓地
流傳:1992年12月購于香港古玩街
現藏:上海博物館

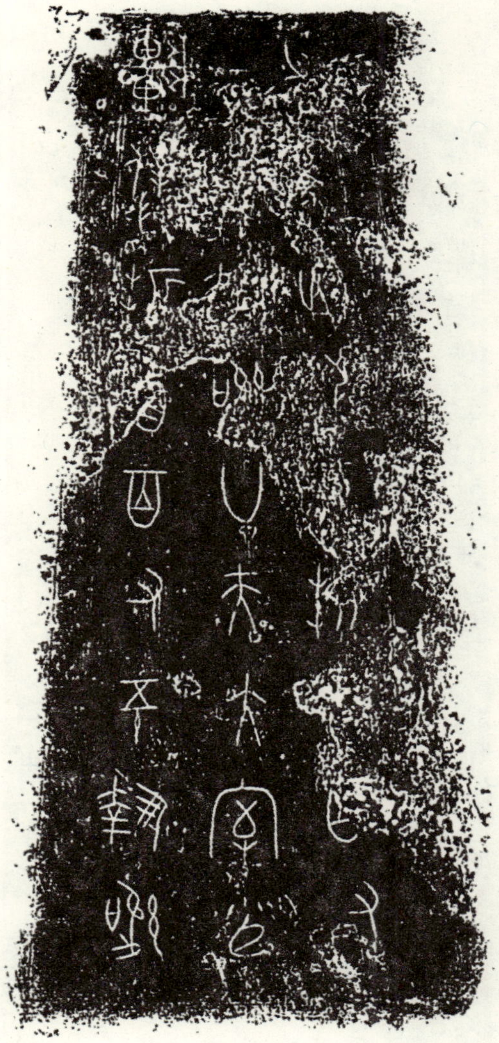

逋逐之。晉侯折首百又
一十，執訊廿夫；大室小臣
車僕折首百又五十，執訊

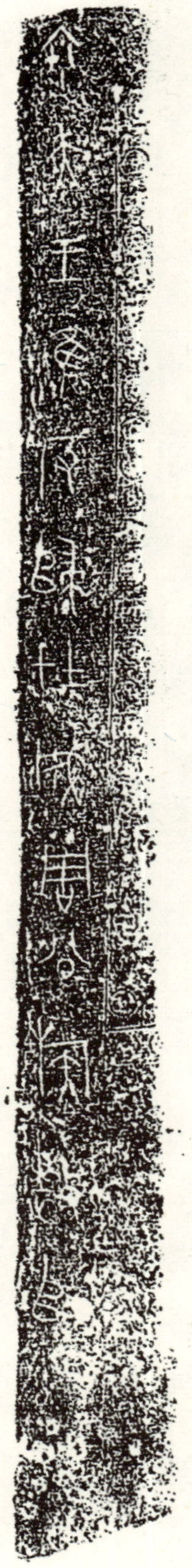

六十夫。王唯返，歸在成周。公族整師，

44 晉侯蘇編鐘

字數:40(又合文1)
度量:通高49.5釐米
時代:西周晚期
著録:《上海博物館集刊》1996年7期10頁
出土:山西曲沃縣北趙村晉侯墓地
流傳:1992年12月購于香港古玩街
現藏:上海博物館

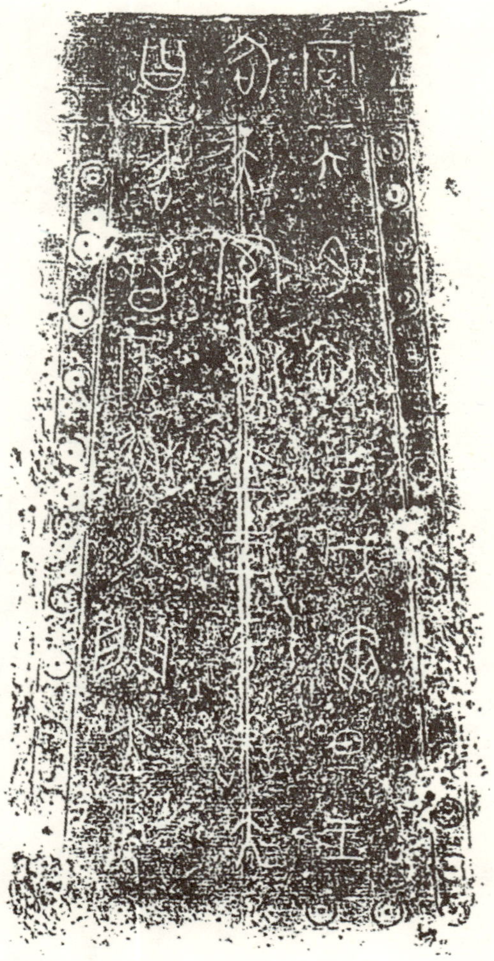

宮。六月初吉戊寅，旦，王
格大室，即位。王呼膳夫
曰：召晉侯蘇。入門，立中

廷，王親賜駒四匹。蘇拜，稽首，受駒以

45 晉侯蘇編鐘

字數:39
度量:通高 51 釐米
時代:西周晚期
著録:《上海博物館集刊》1996 年 7 期 11 頁
出土:山西曲沃縣曲村鎮北趙村晉侯墓地
流傳:1992 年 12 月購于香港古玩街
現藏:上海博物館

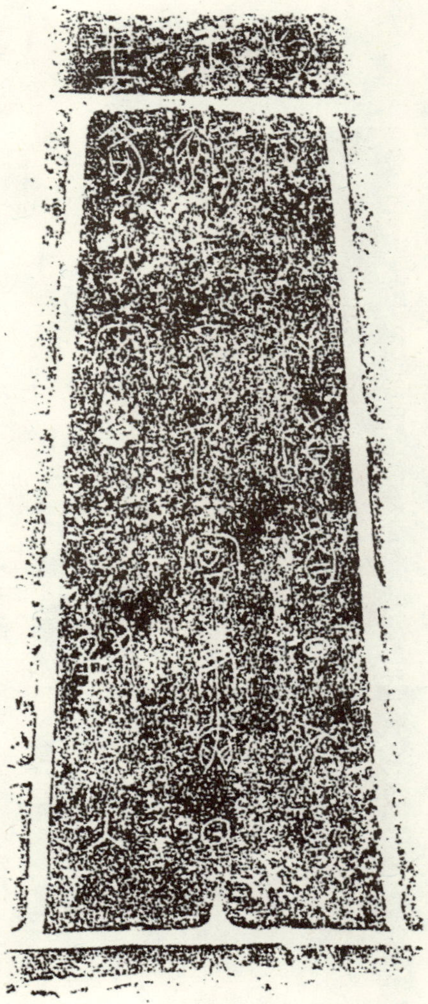

出。返入，拜，稽首。丁亥，旦，
王鄉于邑伐宮。庚寅，旦，
王格大室，嗣工揚父入

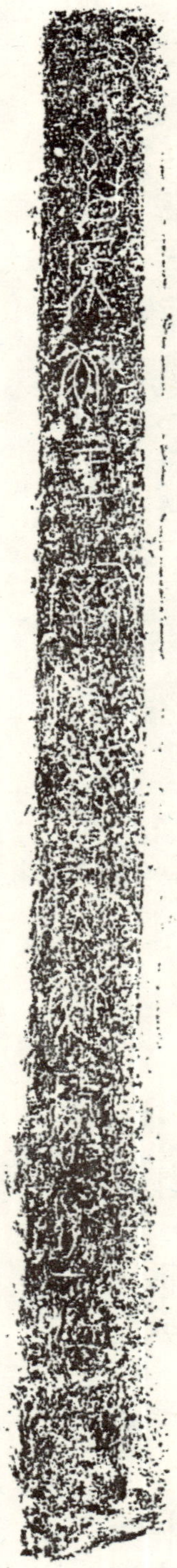

佑晉侯蘇，王親齎晉侯蘇⿱秬鬯鬯、

46 晉侯蘇編鐘

弓、矢百、馬四匹。蘇敢揚
天子丕顯魯休，用作
元龢揚鐘，用邵格前=

字數：24（又重文1，合文1）
度量：通高47.6釐米
時代：西周晚期
著録：《上海博物館集刊》1996年7期12頁
出土：山西曲沃縣曲村鎮北趙村晉侯墓地
流傳：1992年12月購于香港古玩街
現藏：上海博物館

47 晉侯蘇編鐘

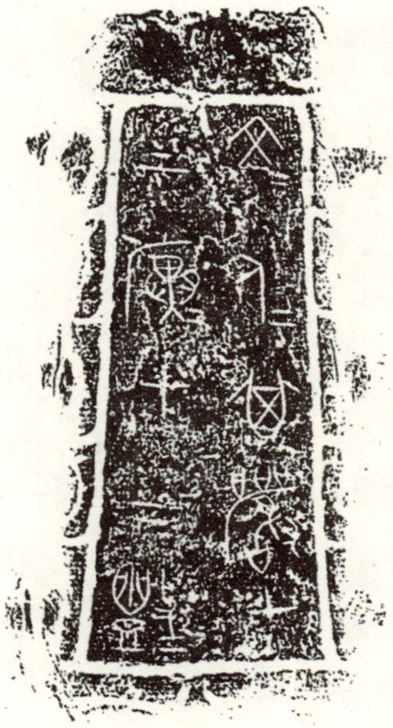

文=人=，其嚴在上，翼在下，[豐攴]=

字數:10(又重文 3)
度量:通高 34.8 釐米
時代:西周晚期
著録:《上海博物館集刊》1996 年 7 期 12 頁
出土:山西曲沃縣曲村鎮北趙村晉侯墓地
流傳:1992 年 12 月購于香港古玩街
現藏:上海博物館

48 晉侯蘇編鐘

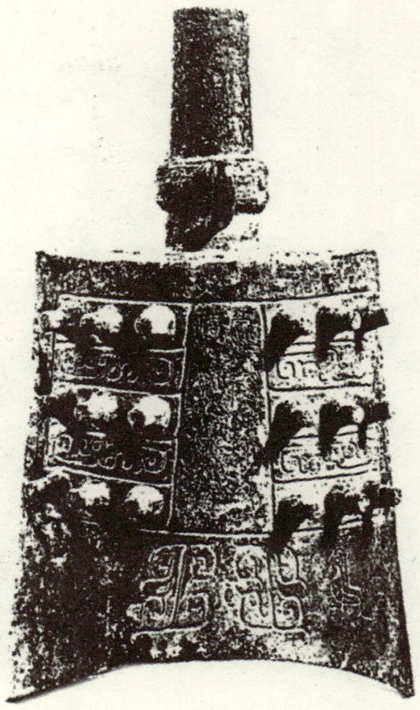

𣝣=，降余多福。蘇其萬

字數:8（又重文 1）
度量:通高 29.9 釐米
時代:西周晚期
著録:《上海博物館集刊》1996 年 7 期 13 頁
出土:山西曲沃縣曲村鎮北趙村晉侯墓地
流傳:1992 年 12 月購于香港古玩街
現藏:上海博物館

49　晉侯蘇編鐘

年無疆，子=孫=

字數:5(又重文2)
度量:通高25.9釐米
時代:西周晚期
著録:《文物》1994年1期16、19頁,《上海博物館集刊》1996年7期13頁
出土:1992年10月16日山西曲沃縣曲村鎮北趙村天馬—曲村遺址M8:33
現藏:山西省考古研究所

50 晉侯蘇編鐘

永寶兹鐘。

字數:4
度量:通高 22.3 釐米
時代:西周晚期
著録:《文物》1994 年 1 期 16、19 頁,《上海博物館集刊》1996 年 7 期 13 頁
出土:1992 年 10 月 16 日山西曲沃縣曲村鎮北趙村天馬—曲村遺址 M8:32
現藏:山西省考古研究所

𨙶編鐘

敦鐘各部位尺寸、重量登記表

器號		M10: 66	M10: 70	M10: 67	M10: 69	M10: 68	M10: 71	M10: 72	M10: 83	M10: 84
各部位尺寸（釐米）	通高	16.6	15.9	14.65	13.4	12.9	12.25	10.4	96.7	9.6
	身高	13.16	12.45	11.6	10.7	9.8	9.25	7.75	7.55	7.2
	鈕高	3.47	3.52	3.2	2.7	3.05	2.9	2.55	2.1	2.4
	鈕厚	0.75	0.75	0.75	0.65	0.7	0.68	0.7	0.4	0.72
	舞修	9.1	8.55	7.8	7.5	6.85	6.55	5.5	4.75	4.9
	舞廣	6.75	6.04	6.25	5.5	4.8	4.57	4.27	4.3	3.82
	舞厚	0.3	0.2	0.3	0.25	0.3		0.25	0.25	0.2
	鉦高	6.4	6.4	5.8	4.8	5.25	5.05	4.4	4.4	4.1
	鉦上部厚	0.35	0.42	0.30	0.28			0.33	0.4	
	鉦下部厚	0.41	0.33	0.38	0.32			0.3	0.4	
	枚高	0.35	0.35	0.35	0.35	0.3	0.3	0.35	0.2	0.15
	鼓高	6.76	6.05	5.8	5.9	4.55	4.2	3.35	3.15	3.1
	鼓部厚	0.57	0.6	0.25	0.38	0.49	0.55	0.7	0.65	0.42
	銑間	10.54	9.9	9.0	8.5	8.05	7.5	6.12	5.75	5.74
	隧間	7.7	7.05	6.5	6.3	5.8	5.7	4.9	4.95	4.43
	隧部厚	0.38	0.33	0.38	0.30	0.25	0.35	0.45	0.4	0.35
	擁高	4.0	5.0	4.15	5.7	3.5	4.3	2.4	3.8	2.5
	擁寬	2.4	2.6	2.2	2.1	1.8	1.7	1.65	1.4	1.2
重量（千克）		0.85	0.75	0.65	0.62	0.48	0.4	0.34	0.27	0.24

51 ⿰墨敢編鐘

⿰墨敢擇吉金，
鑄其反鐘。
其音贏少
則揚，龢平
均皇，靈印
若華，比者
囂聖，至者
長吁。會平
倉=，歌樂自
喜。凡君子
父兄，千歲
鼓之，眉壽

字數:48(又重文1)
度量:通高16.6釐米,重0.85千克
時代:春秋後期
著録:《淅川下寺春秋楚墓》277頁
出土:1990年河南淅川縣下寺M10:66
現藏:河南省文物考古研究所

父兄，千歲
鼓之，眉壽
黬擇吉金，
鑄其反鐘。
其音贏少
則揚，龢平

均皇，靈印
若華，比者
囂聖，至者
長吁。會平
倉=，歌樂自
喜。凡君子

52 鄬編鐘

鄬擇吉金，鑄其反鐘。其音贏少則揚，龢平均皇，靈印若華，比者囂聖，至者

字數:28
度量:通高15.9釐米,重0.75千克
時代:春秋後期
著録:《淅川下寺春秋楚墓》279頁
出土:1990年河南淅川縣下寺M10:70
現藏:河南省文物研究所

嚣聖，
至者
鼔擇吉
金，鑄其
反鐘。
其音

贏少
則揚，
龢平均
皇，靈印
若華，
比者

53 䵴編鐘

長吁。會
平倉=，歌
樂自
喜。凡
及君
子父
兄，千歲
鼓之，眉
壽無
疆，䵴
呂王
之孫，

字數：28（又重文1）
度量：通高14.65釐米，重0.65千克
時代：春秋後期
著録：《淅川下寺春秋楚墓》280頁
出土：1990年河南淅川縣下寺M10：67
現藏：河南省文物考古研究所

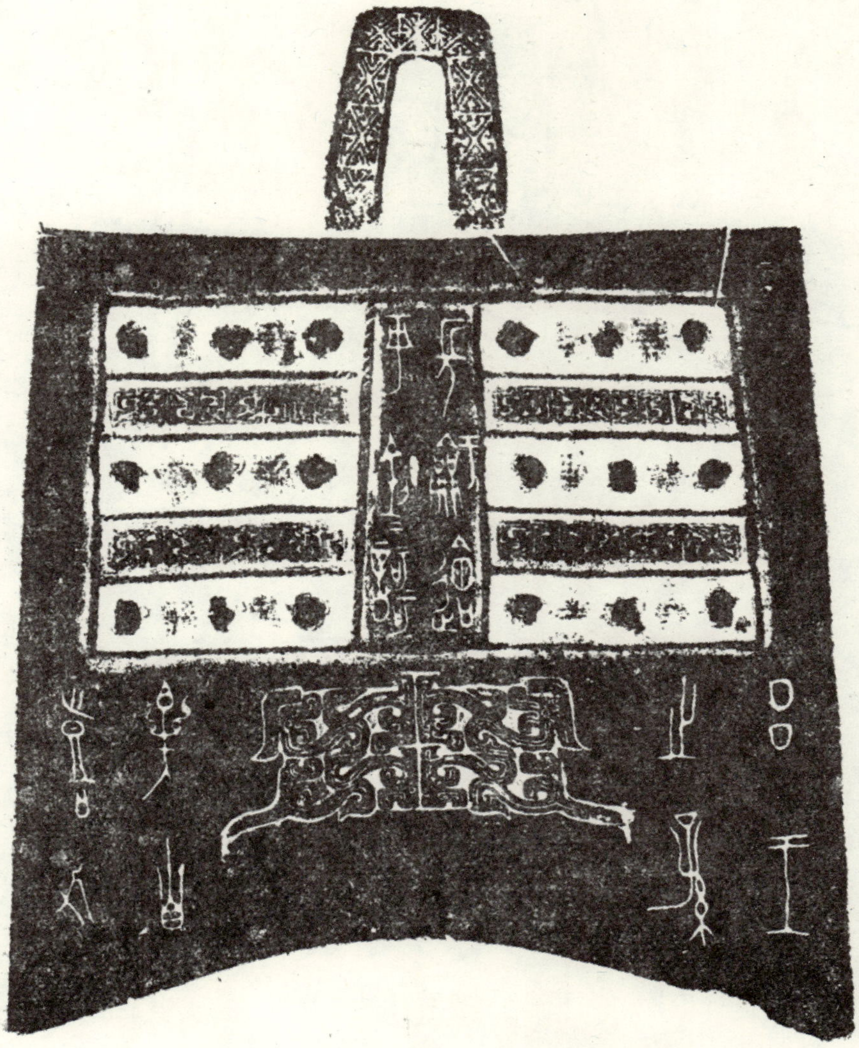

呂王
之孫，
長吁。會
平倉=，歌
樂自
喜。凡

及君子父兄，千歲鼓之，眉壽無疆，⿰黽攵

54 黝編鐘

楚成王
之盟
僕男
子之
藝。余
不忒在
天之
下，余
臣兒
難得。

字數:22
度量:通高 16.6 釐米,重 0.62 千克
時代:春秋後期
著録:《淅川下寺春秋楚墓》281 頁
出土:1990 年河南淅川縣下寺 M10:69
現藏:河南省文物研究所

臣兒
難得。
楚成王
之盟
僕男

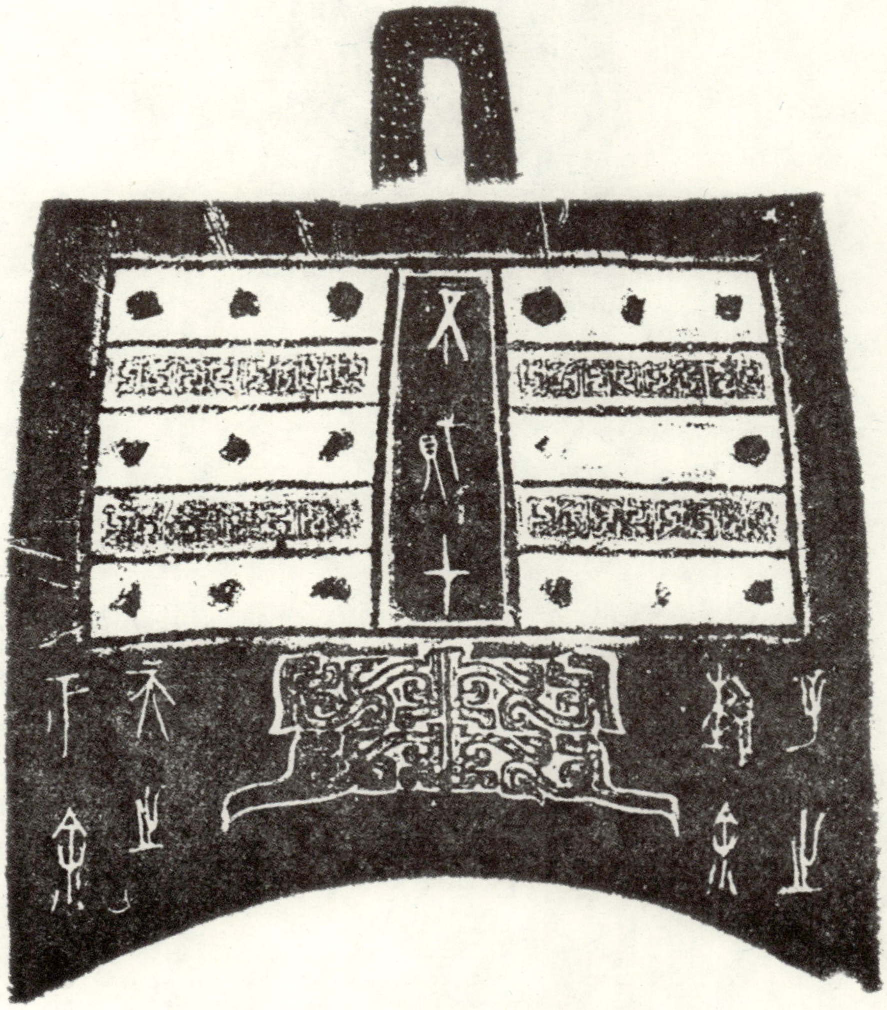

子之
藝。余
不忒在
天之
下，余

55 ⿰墨敢編鐘

⿰墨敢擇吉金，鑄其反鐘。音贏少則揚，龢平均皇，靈印若華，比者

字數：23
度量：通高 12.9 釐米，重 0.48 千克
時代：春秋後期
著録：《淅川下寺春秋楚墓》283 頁
出土：1990 年河南淅川縣下寺 M10：68
現藏：河南省文物研究所

若華，比者⿰鹽敢擇吉金，鑄其反鐘。

音嬴少則揚，龢平均皇，靈印

56 ⿰黽敢編鐘

囂聖，
至者
長吁。
會平
倉=，歌
樂自

字數:12(又重文 1)
度量:通高 12.25 釐米,重 0.4 千克
時代:春秋後期
著録:《淅川下寺春秋楚墓》284 頁
出土:1990 年河南淅川縣下寺 M10:71
現藏:河南省文物考古研究所

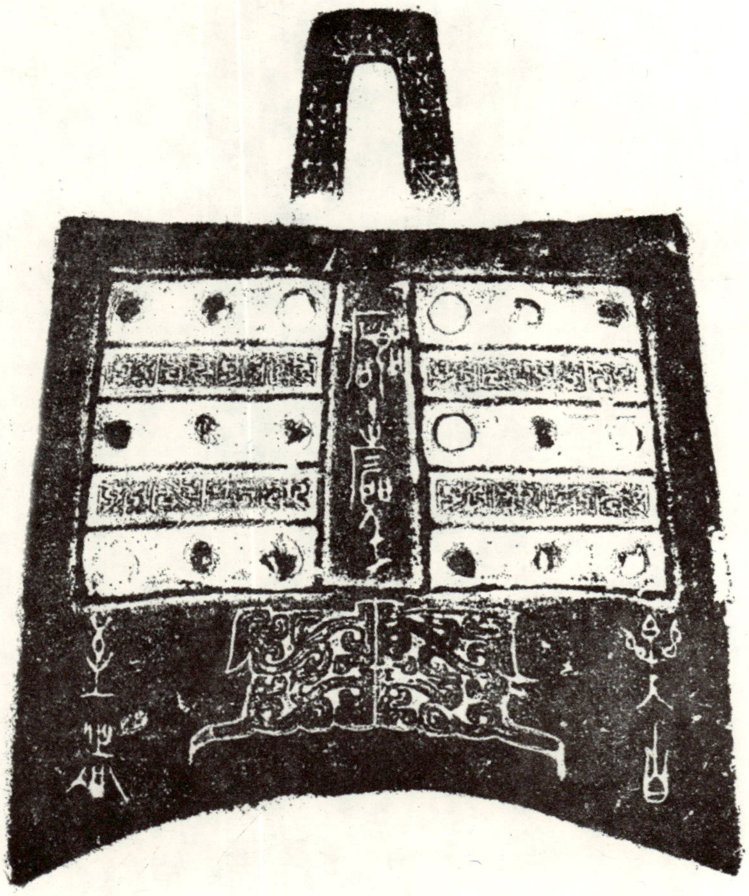

樂自
囂聖，
至者

曾平倉=，歌長吁。

57 ⿰墨敢編鐘

壽無疆，⿰墨敢余呂王之孫，楚成王之盟

字數:14
度量:通高 10.4 釐米,重 0.34 千克
時代:春秋後期
著録:《淅川下寺春秋楚墓》285 頁
出土:1990 年河南淅川縣下寺 M10:72
現藏:河南省文物研究所

王之盟壽無疆，[illegible]

余呂王之孫，楚成

58 黬編鐘

之孫，
楚

字數:3
度量:通高 9.67 釐米,重 0.27 千克
時代:春秋後期
著録:《淅川下寺春秋楚墓》286 頁
出土:1990 年河南淅川縣下寺 M10:83
現藏:河南省文物研究所

59 ⿰墨敢編鐘

下，余臣兒難得。

字數:6
度量:通高 9.6 釐米,重 0.24 千克
時代:春秋後期
著録:《淅川下寺春秋楚墓》286 頁
出土:1990 年河南淅川縣下寺 M10:84
現藏:河南省文物考古研究所

下，余臣

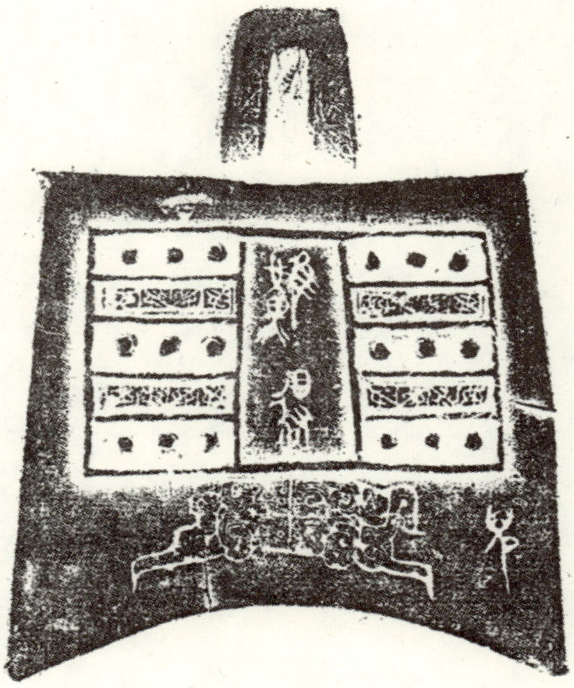

兒難得。

王孫誥編鐘

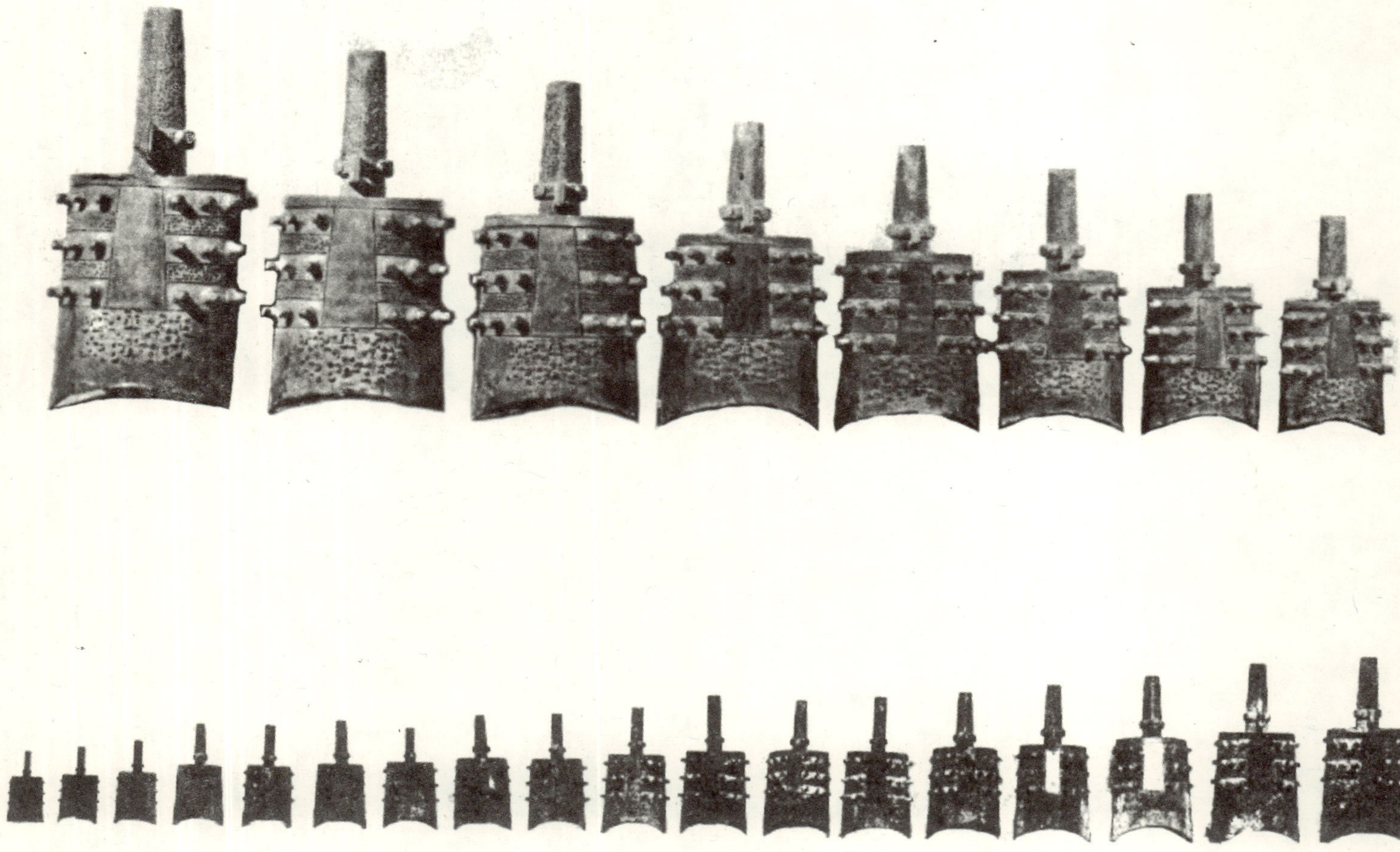

王孫誥甬鐘各部位尺寸表

器號		M2: 1	M2: 2	M2: 3	M2: 4	M2: 5	M2: 6	M2: 7	M2: 8	M2: 9
各部位尺寸（釐米）	通高	120.4	111.5	103.9	94.0	86.8	79.7	74.0	66.0	60.0
	身高	71.3	66.2	62.6	57.4	53.4	48.6	44.5	40.7	37.1
	甬高	49.0	45.2	41.1	34.5	33.1	31.7	29.3	26.2	23.6
	衡徑	10.95	10.6	10.32	9.1	8.16	8.82	7.5	7.1	5.45
	旋高	5.96	5.96	4.72	4.31	4.1	3.64	3.25	2.65	2.8
	旋外徑	19.9	17.5	15.6	15.4	14.1	13.4	12.5	11.54	9.25
	斡高	3.6	3.18	2.8	2.65	2.16	2.6	2.17	2.0	1.75
	斡長	8.3	7.54	6.7	6.6	5.5	4.8	4.2	4.45	4.0
	舞修	52.3	47.1	43.8	40.3	37.6	34.3	31.4	29.3	26.4
	舞廣	37.8	34.5	32.3	30.2	28.4	25.9	24.0		19.1
	舞厚	1.15	1.4	0.9	1.3	1.3		1.0	1.4	1.10
	鉦高	39.3	38.4	35.5	30.08	29.38	25.4	23.56	22.75	18.9
	鉦上部厚	1.46	1.0	1.05	1.13	1.36	1.21	1.21	1.35	0.95
	鉦下部厚	1.47	2.07	1.45	1.5	2.13	1.64	1.7	1.6	1.05
	枚高	5.65	5.1	5.1	4.85	4.93	4.37	4.17	4.25	2.7
	枚徑	3.0	2.94	2.95	2.7	2.5	2.38	2.32	2.15	1.7
	鼓高	32.0	27.8	27.1	27.32	24.02	23.2	20.94	17.95	18.2
	鼓部厚	2.66	2.88	3.15	2.32	2.04	2.38	1.96	1.95	1.54
	銑間	59.75	55.0	51.3	47.2	43.8	39.35	35.4	32.5	30.75
	隧間	43.9	50.2	31.3	36.0	34.0	31.3	28.8	26.0	20.1
	隧部厚	1.65	2.13	2.15	2.32	2.21	1.61	1.68	1.7	1.11
	攡高	38.0	24.0	17.7	24.44	27.7	16.8	29.2	13.0	15.6
	攡寬	15.76	10.7		9.7	10.6	7.07	6.2	4.8	4.9
重量（千克）		152.8	149	118.5	104	85.3	62.3	54	46	28.3

續表

器號		M2: 10	M2: 11	M2: 12	M2: 13	M2: 14	M2: 15	M2: 16	M2: 17	M2: 18
各部位尺寸（釐米）	通高	58.2	53.7	50.5	47.2	44.6	39.4	38.6	46.2	40.9
	身高	35.5	33.4	30.5	29.3	27.6	23.85	23.5	27.65	25.55
	甬高	22.8	21.05	20.5	18.82	17.15	14.50	14.55	18.60	15.7
	衡徑	5.3	4.85	4.8	4.3	3.8	3.8	3.35	4.35	3.85
	旋高	2.60	2.80	2.6	2.6	2.4	1.65	2.0	1.7	1.8
	旋外徑	8.85	8.25	8.20	7.45	6.3	5.95	5.8	6.3	5.35
	斡高	1.85	1.7	1.85	1.50	1.60	1.3	1.40	1.4	1.20
	斡長	3.50	3.85	3.8		3.10	2.0	2.55	3.0	2.15
	舞修	24.20	23.05	21.75	21.0	19.8	16.98	16.65	19.8	18.25
	舞廣	18.50	18.10	16.10	15.00		12.8	12.25	14.75	13.43
	舞厚	1.0	0.75	0.55	0.85	0.80	0.90	0.75	0.95	1.0
	鉦高	18.25	17.35	15.80	15.62	14.20	14.90	13.0	16.5	15.3
	鉦上部厚	1.5	1.0	1.4	1.0	1.18		1.33	1.0	1.74
	鉦下部厚	1.2	9.6	10	10.1	12.5		12.3	11.3	14.2
	枚高	2.7	2.4	2.20	2.20	1.55	2.2	1.3	2.3	2.2
	枚徑	1.70	1.35	1.3	1.3	1.05	1.2	0.90	1.35	1.23
	鼓高	17.25	16.05	14.7	13.68	13.4	8.95	10.5	11.15	10.25
	鼓部厚	1.90	1.62	1.75	1.48	1.70	1.5	1.92	1.6	1.65
	銑間	28.9	26.95	25.0	24.15	21.75	19.4	19.3	22.6	20.9
	隧間	20.75	19.55	17.85	17.88	16.0	14.5	14.5	17.2	15.5
	隧部厚	1.37	1.3	0.98	1.54	1.40	1.45	1.63	1.8	1.67
	攠高	17.2	13.30	13.1	13.0	10.0	9.20	10.0	10.5	7.3
	攠寬	4.6	4.2	3.75	3.65	3.8	4.25	2.85	4.6	4.3
重量(千克)		25	17	15.5	13.9	12	9.5	6.7	53.5	10.7

續表

器號		M2: 19	M2: 20	M2: 21	M2: 22	M2: 23	M2: 24	M2: 25	M2: 26
各部位尺寸（釐米）	通高	45.6	33.65	33.7	35.6	27.5	25.0	23.35	33.65
	身高	27.0	22.1	19.85	21.0	17.0	15.7	14.78	20.4
	甬高	18.35	11.68	14.3	14.75	10.55	9.45	8.5	13.73
	衡徑	4.4	3.2	2.9	3.58	2.9	2.6	2.2	3.6
	旋高	1.92	1.1	1.7	1.98	1.2	0.90	1.0	1.66
	旋外徑	6.48	4.5	6.0	5.55	4.32	3.75	3.47	5.36
	斡高	1.5	2.9	1.25	1.17	0.7	0.80	0.82	1.31
	斡長	2.65	1.95	1.95	1.85	1.95	1.8	1.6	2.09
	舞修	19.18	15.6	14.25	15.05	12.16	11.6	10.6	14.26
	舞廣	14.5	11.9	10.3	11.0	8.9	8.1	7.88	11.16
	舞厚	0.90	0.75	0.95	0.85	0.53		0.50	0.60
	鉦高	16.23	13.6	10.75	11.68	10.65	9.0	9.3	11.22
	鉦上部厚	0.80	0.77	1.25		1.2	1.29		0.78
	鉦下部厚	14	9.5	1.34		1.55	1.27		1.35
	枚高	2.3		1.25		1.55	1.1	1.12	1.7
	枚徑	1.3	0.98	0.85	0.75	0.79	0.79	0.68	1.0
	鼓高	10.77	11.3	9.10	9.32	6.35	6.70	5.48	9.18
	鼓部厚	1.5	1.14	1.8	2.02			1.0	
	銑間	21.85	18.2	16.45	17.25	13.65	12.95	12.25	16.50
	隧間	16.45	13.3	11.9	12.3	10.15	9.2	8.95	12.45
	隧部厚	1.75	1.43	1.5	1.72			1.0	
	攠高	8.1	6.5	9.0	10.35	5.65	4.7	6.3	8.45
	攠寬	3.9	4.2	3.7	3.45	2.75	2.8	2.8	2.8
重量（千克）		13	7.4	6.7	7.4	4.3	3.3	2.8	6.7

60 王孫誥編鐘

字數:108(又重文 5)
度量:通高 120.4 釐米,重 152.8 千克
時代:春秋後期
著録:《淅川下寺春秋楚墓》143 頁
出土:1990 年河南淅川縣下寺 M2:1
現藏:河南省文物考古研究所

（正面）（右鼓）

（此圖爲原圖的十分之七）

唯正月初吉丁亥，
王孫誥擇其吉金，
自作龢鐘。中翰且
揚，元鳴孔皇。有嚴
穆=，敬事楚王。余不

（正面）（鉦）

（此圖爲原圖的十分之七）

畏不差，惠于政德，淑于威儀。畜恭䛦遲，畏忌翼=，肅哲臧禦，聞于四國。恭厥盟祀，永受其福。武于戎功，誨猷

不飤。闌=龢鐘，用
宴以喜，以樂楚
王、諸侯、嘉賓及我
父兄、諸士。皇=熙=，萬
年無期，永保鼓之。

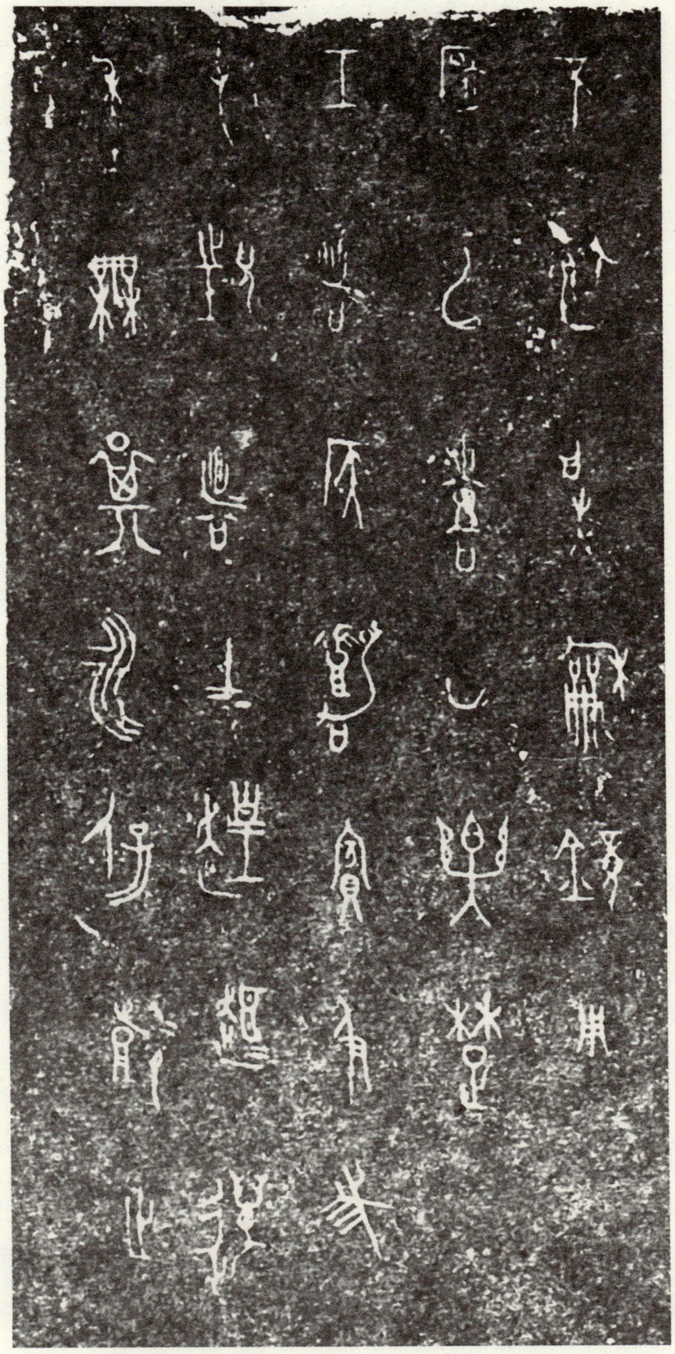

（正面）（左鼓）

（此圖爲原圖的十分之七）

61　王孫誥編鐘

（正面）（右鼓）

（此圖爲原圖的十分之七）

唯正月初吉丁亥，王孫誥擇其吉金，自作龢鐘。中翰且揚，元鳴孔皇。有嚴穆穆，敬

字數：108（又重文 5）
度量：通高 111.5 釐米，重 149 千克
時代：春秋後期
著録：《淅川下寺春秋楚墓》144 頁
出土：1990 年河南淅川縣下寺 M2：2
現藏：河南省文物考古研究所

（正面）（鉦）

（此圖爲原圖的十分之七）

事楚王。余不畏不差，
惠于政德，淑于威儀。
圅恭誅遲，畏忌翼=，肅
哲臧禦，聞于四國。恭
厥盟祀，永受其福。武
于戎功，誨猷不飤。闌=

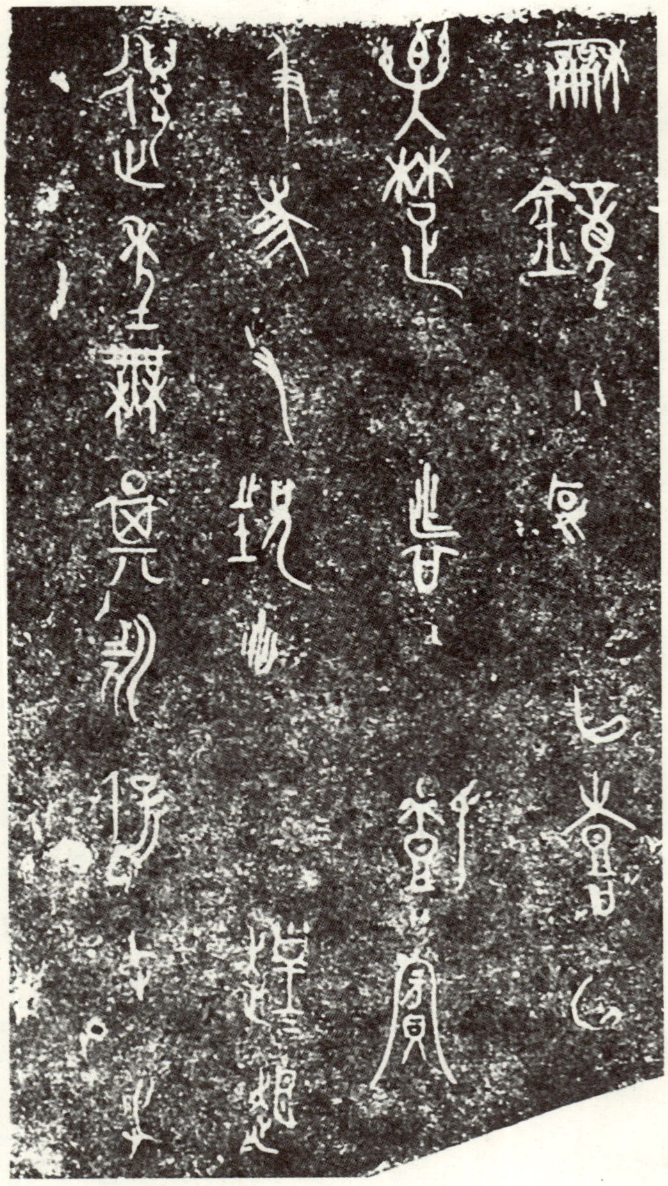

（正面）（左鼓）

（此圖爲原圖的十分之七）

龢鐘，用宴以喜，以
樂楚王、諸侯、嘉賓
及我父兄、諸士。皇熙，
萬年無期，永保鼓之。

62 王孫誥編鐘

（正面）（右鼓）

唯正月初吉丁亥，王孫誥擇其吉金，自作龢鐘。中翰且揚，元鳴孔皇。有嚴穆=，敬

字數：108（又重文5）
度量：通高103.9釐米，重118.5千克
時代：春秋後期
著録：《淅川下寺春秋楚墓》145頁
出土：1990年河南淅川縣下寺M2：3
現藏：河南省文物考古研究所

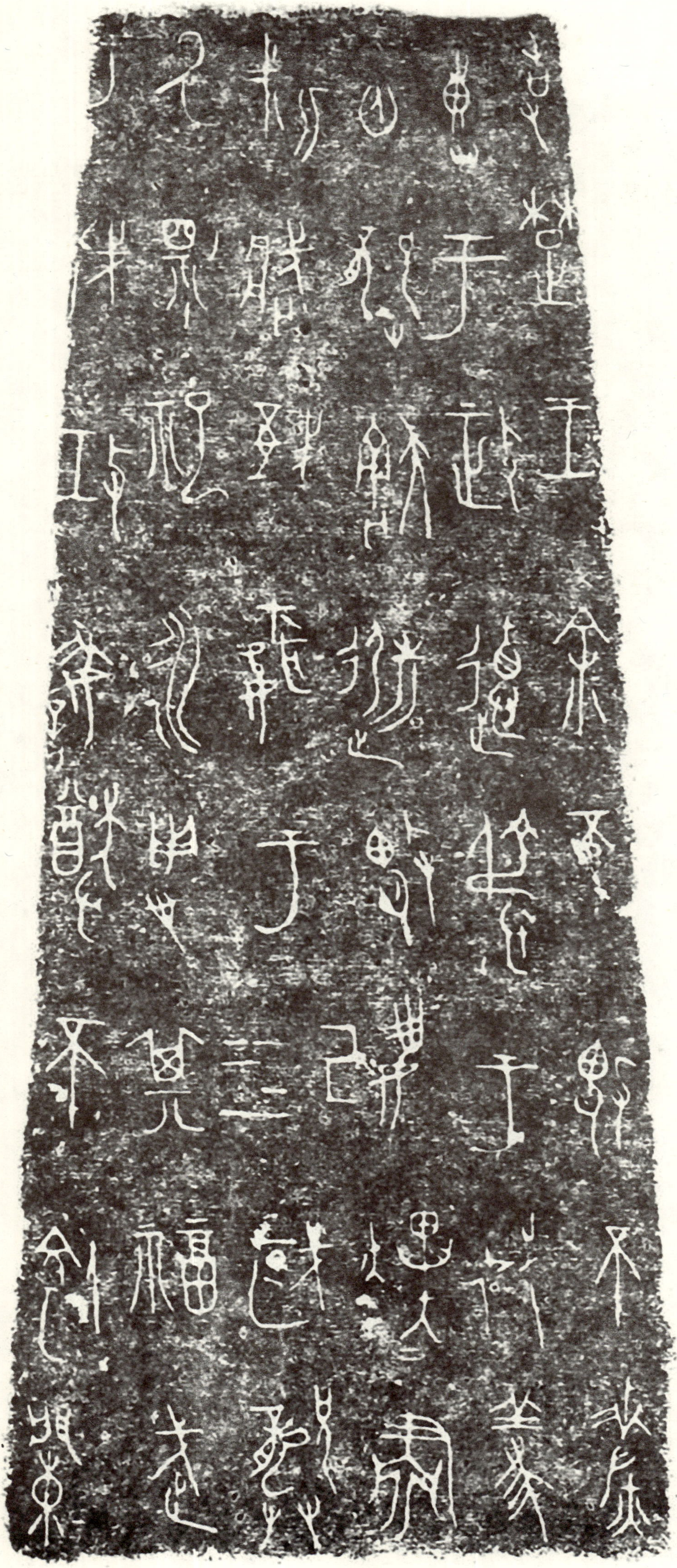

（正面）（鉦）

事楚王。余不畏不差，
惠于政德，淑于威儀。
圅恭[⿰壴夫]遲，畏忌翼＝，肅
哲臧禦，聞于四國。恭
厥盟祀，永受其福。武
于戎功，誨[⿱猷心]不飤。闌＝

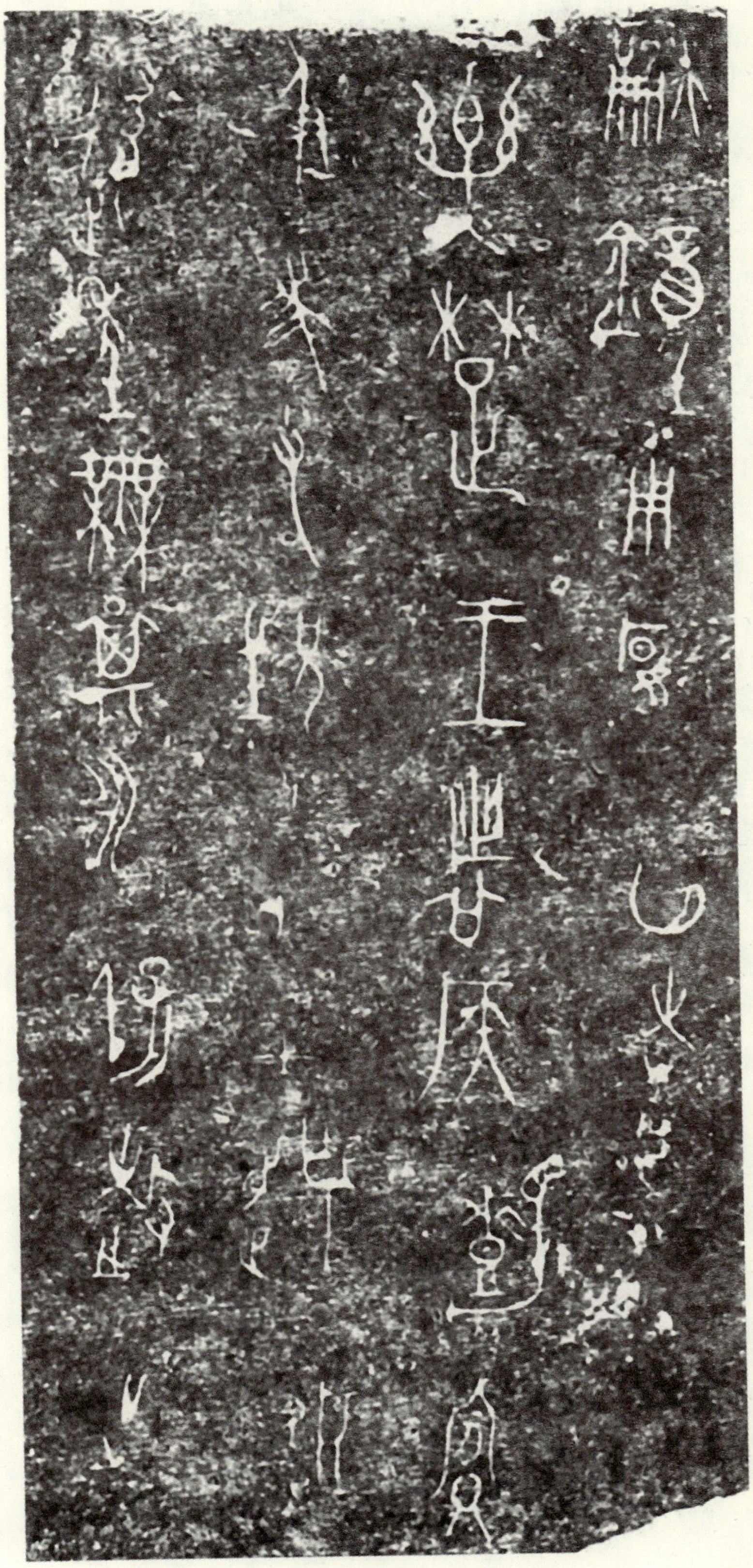

（正面）（左鼓）

龢鐘，用宴以喜，以樂楚王、諸侯、嘉賓及我父兄、諸士。皇熙，萬年無期，永保鼓之。

63　王孫誥編鐘

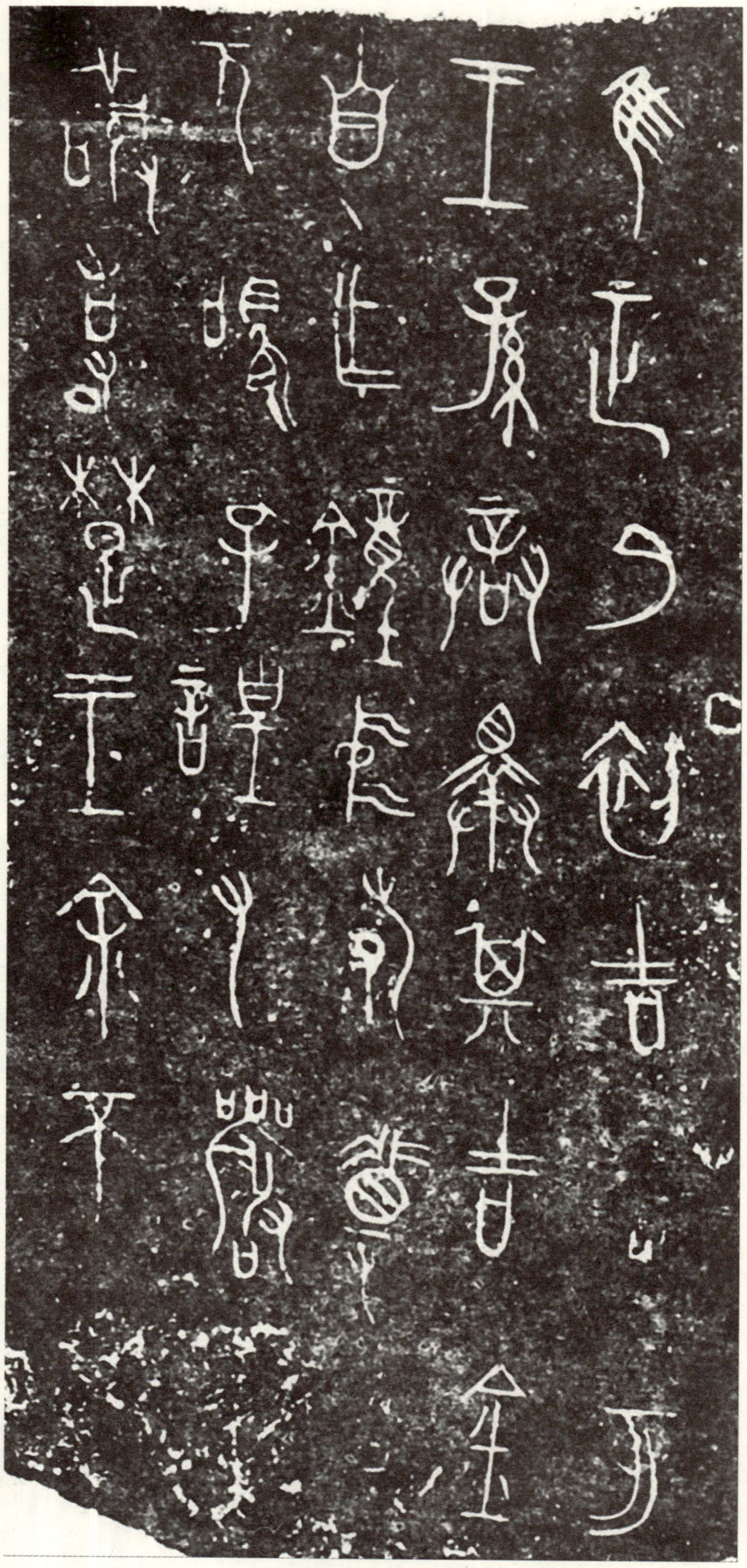

（正面）（右鼓）

唯正月初吉丁亥，
王孫誥擇其吉金，
自作鐘。中翰且揚，
元鳴孔皇。有嚴穆=，
敬事楚王。余不畏

字數：106（又重文5）
度量：通高94釐米，重104千克
時代：春秋後期
著録：《淅川下寺春秋楚墓》146頁
出土：1990年河南淅川縣下寺M2:4
現藏：河南省文物研究所

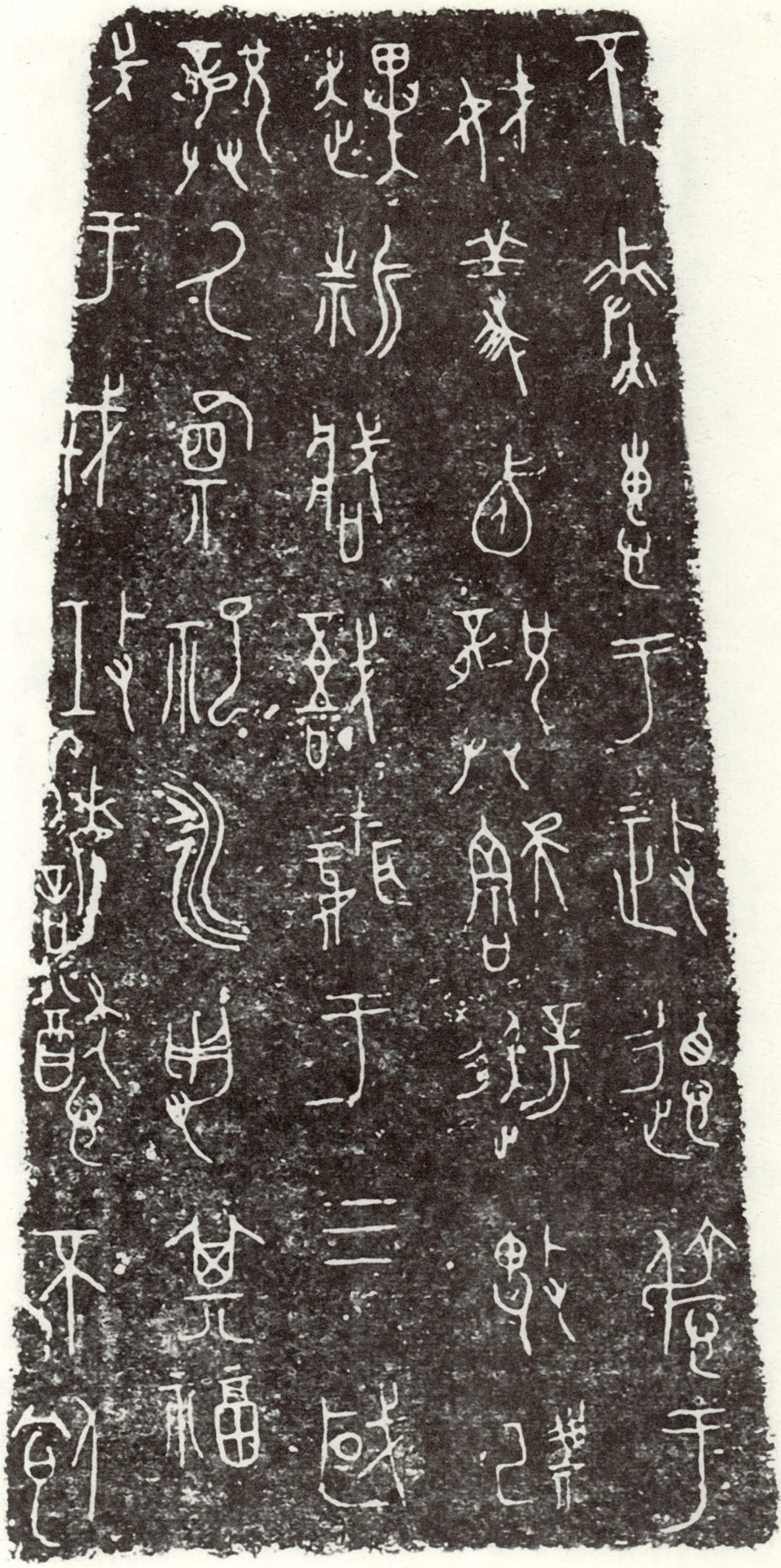

（正面）（鉦）

不差，惠于政德，淑于
威儀。圅恭誅遲，畏忌
翼=，哲臧禦，聞于四國
恭厥盟祀，永受其福。
武于戎功，誨猷不飤。

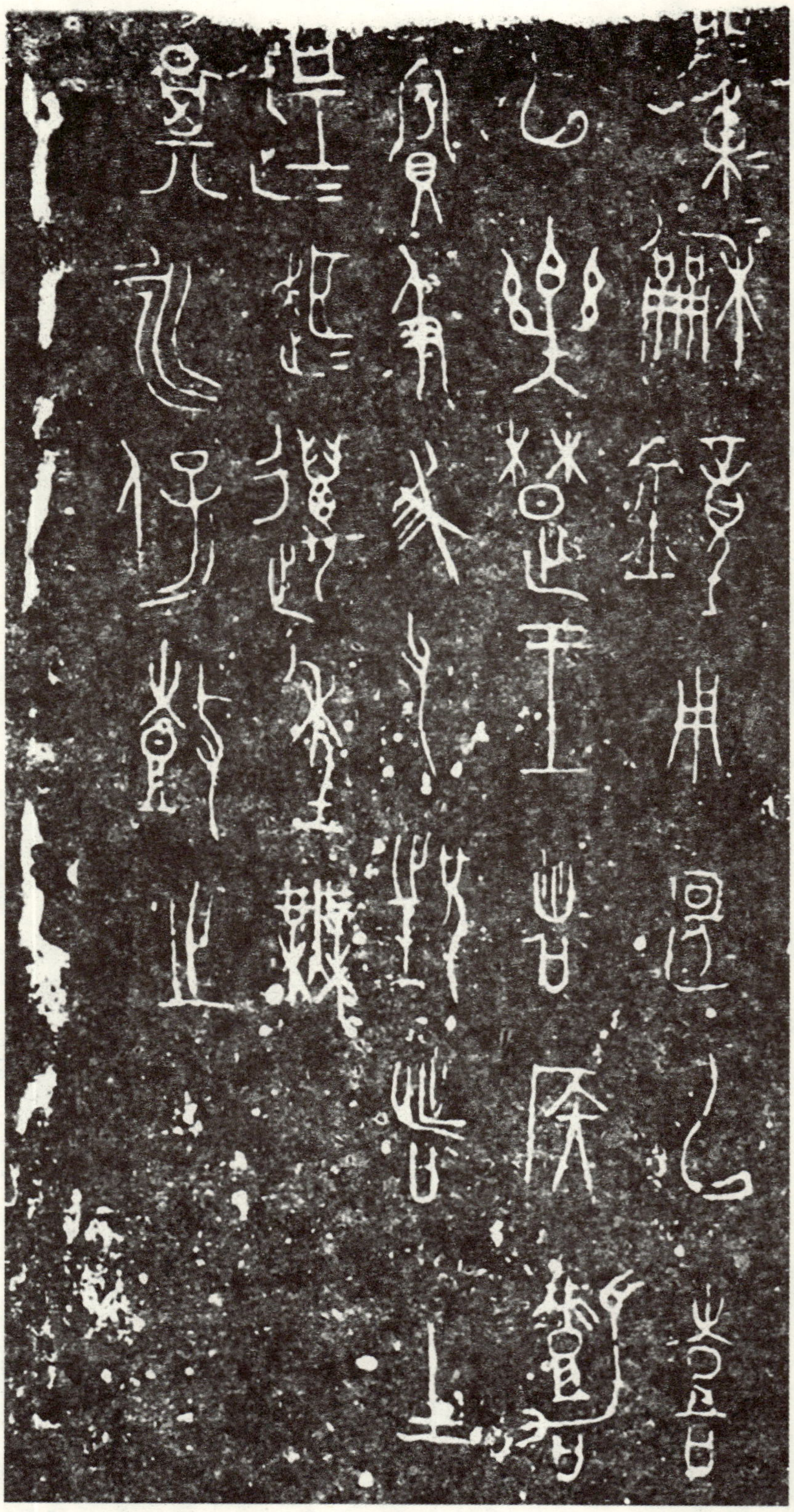

（正面）（左鼓）

闌龢鐘，用宴以喜，
以樂楚王、諸侯、嘉
賓及我父兄、諸士。
皇熙，萬年無
期，永保鼓之。

64 王孫誥編鐘

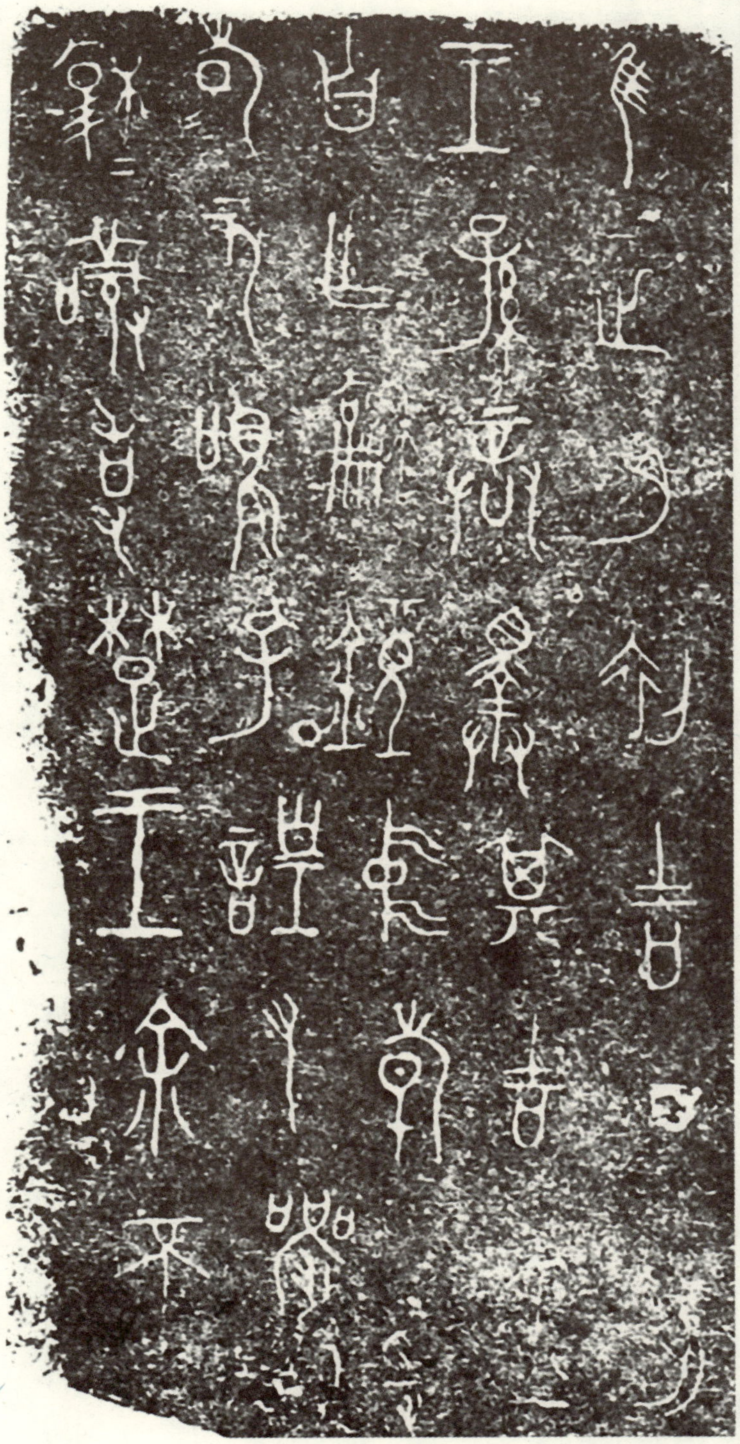

（正面）（右鼓）

唯正月初吉丁亥，
王孫誥擇其吉金，
自作龢鐘。中翰且
揚，元鳴孔皇。有嚴
穆，敬事楚王。余不

字數：107（又重文 5）
度量：通高 86.8 釐米，重 85.3 千克
時代：春秋後期
著録：《淅川下寺春秋楚墓》148 頁
出土：1990 年河南省淅川縣下寺 M 2:5
現藏：河南省文物考古研究所

（正面）（鉦）

畏不差，惠于政德，淑
于威儀。畜恭䛗遲，畏
忌翼=，肅哲禦，聞于四
國。恭厥盟祀，永受其
福。武于戎功，誨猷不

（正面）（左鼓）

飤。闌=龢鐘，用宴以喜，以樂楚王、諸侯、嘉賓及我父兄、諸士。皇=熙=，萬年無期，永保鼓之。

65 王孫誥編鐘

（正面）（右鼓）

唯正月初吉丁亥，
王孫誥擇其吉金，
自作龢鐘。中翰且
揚，元鳴孔皇。有嚴
穆=，敬事楚王。余不

字數：108（又重文 5）
度量：通高 79.7 釐米，重 62.3 千克
時代：春秋後期
著録：《淅川下寺春秋楚墓》149 頁
出土：1990 年河南淅川縣下寺 M2：6
現藏：河南省文物考古研究所

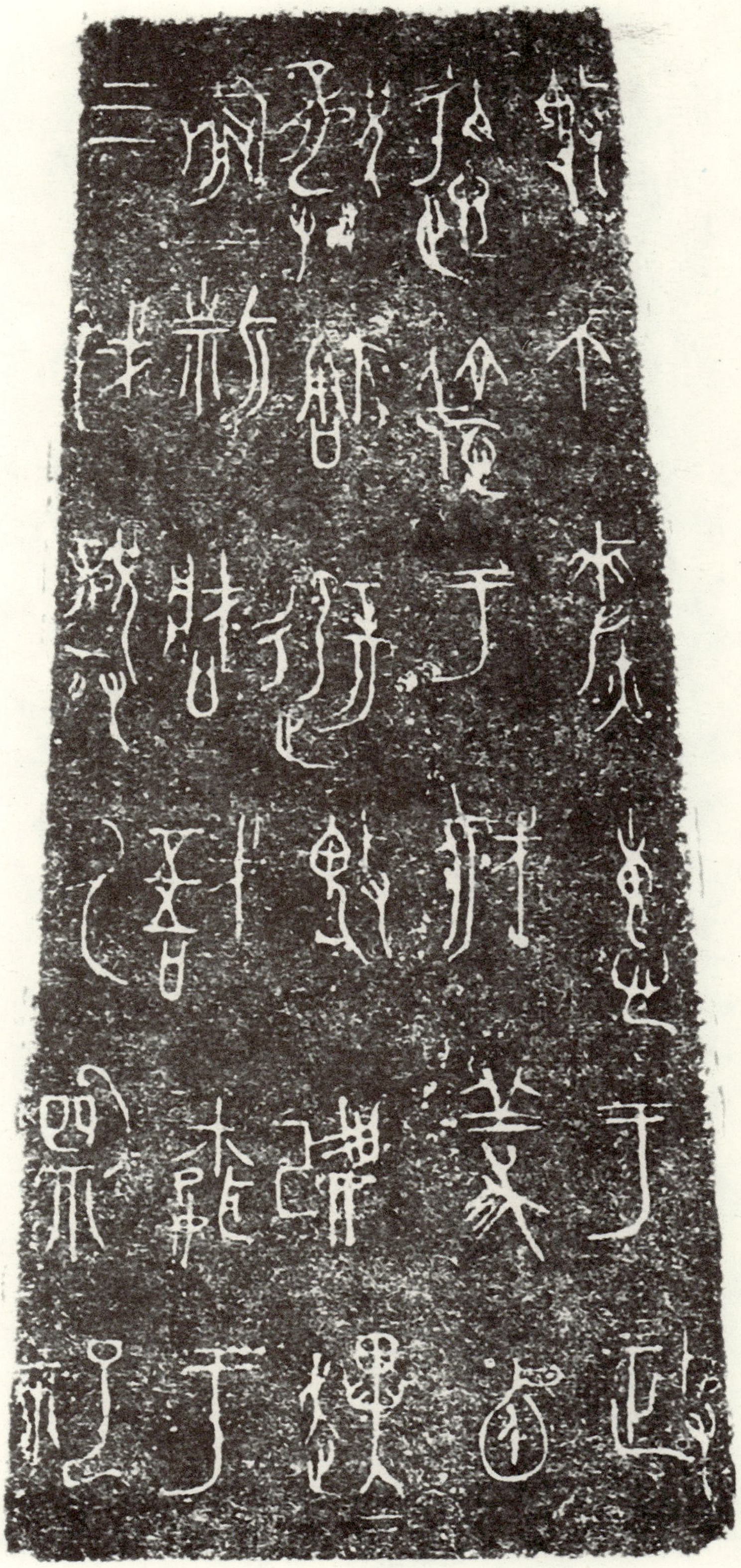

（正面）（鉦）

畏不差，惠于政德，
淑于威儀。圅
恭䛊遲，畏忌翼=，
肅哲臧禦，聞于
四國。恭厥盟祀，

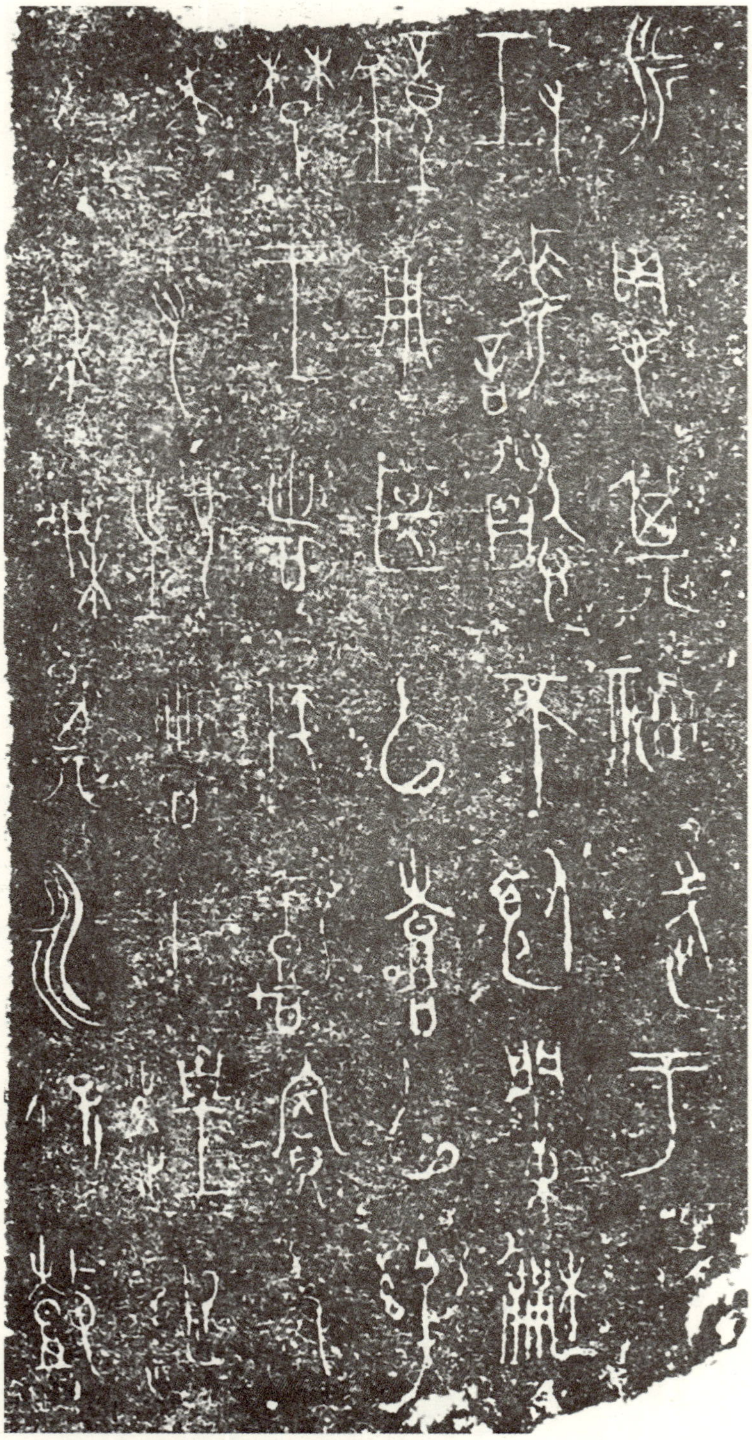

（正面）（左鼓）

永受其福。武于戎
功，誨猷不飤。闌=龢
鐘，用宴以喜，以樂
楚王、諸侯、嘉賓及
我父兄、諸士。皇=熙=，
萬年無期，永保鼓之。

66 王孫誥編鐘

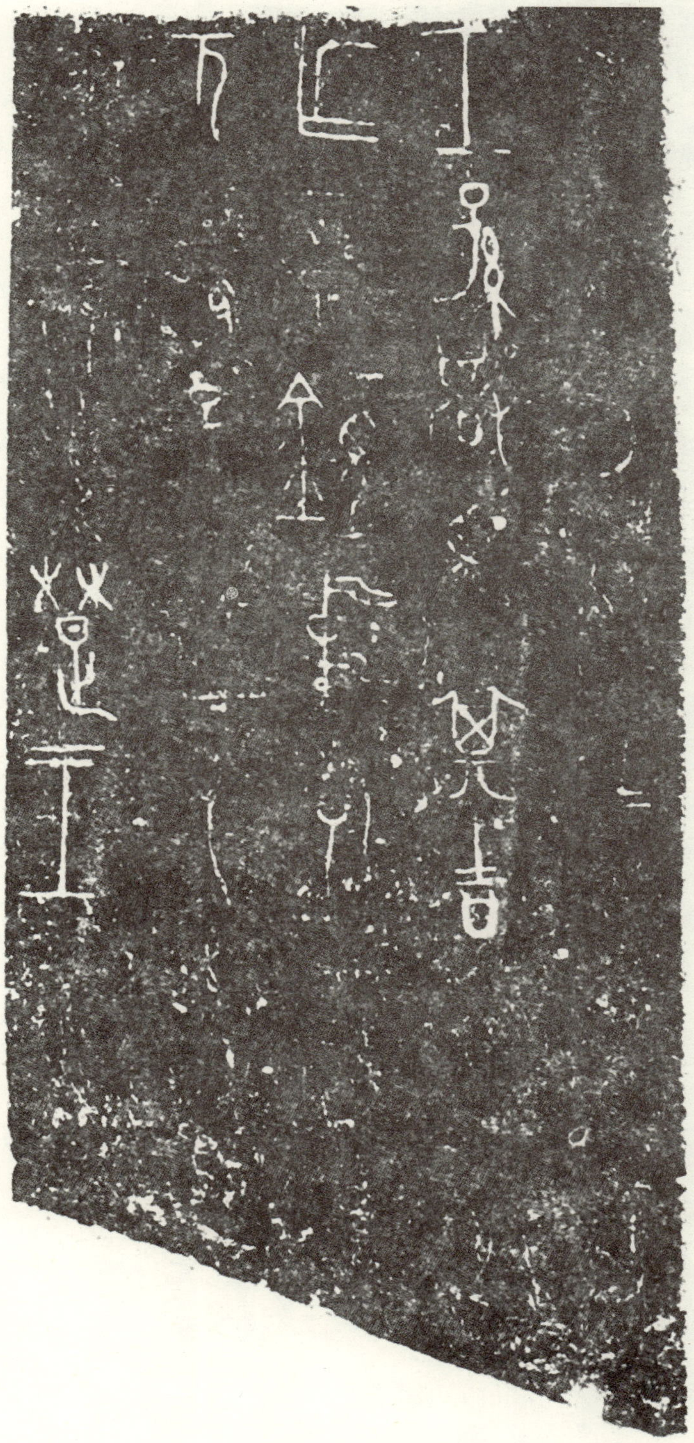

（正面）（右鼓）

唯正月初吉丁亥，王孫誥擇其吉金，自作龢鐘。中翰且揚，元鳴孔皇。有嚴穆穆，敬事楚王。余

字數：108（又重文 5）
度量：通高 74 釐米，重 54 千克
時代：春秋後期
著録：《淅川下寺春秋楚墓》150 頁
出土：1990 年河南淅川縣下寺 M2：7
現藏：河南省文物研究所

（正面）（鉦）

不畏不差，惠于政德，淑于威儀。圅恭䜌遲，畏忌翼〓，肅哲臧禦，聞于四國。恭厥盟祀，永

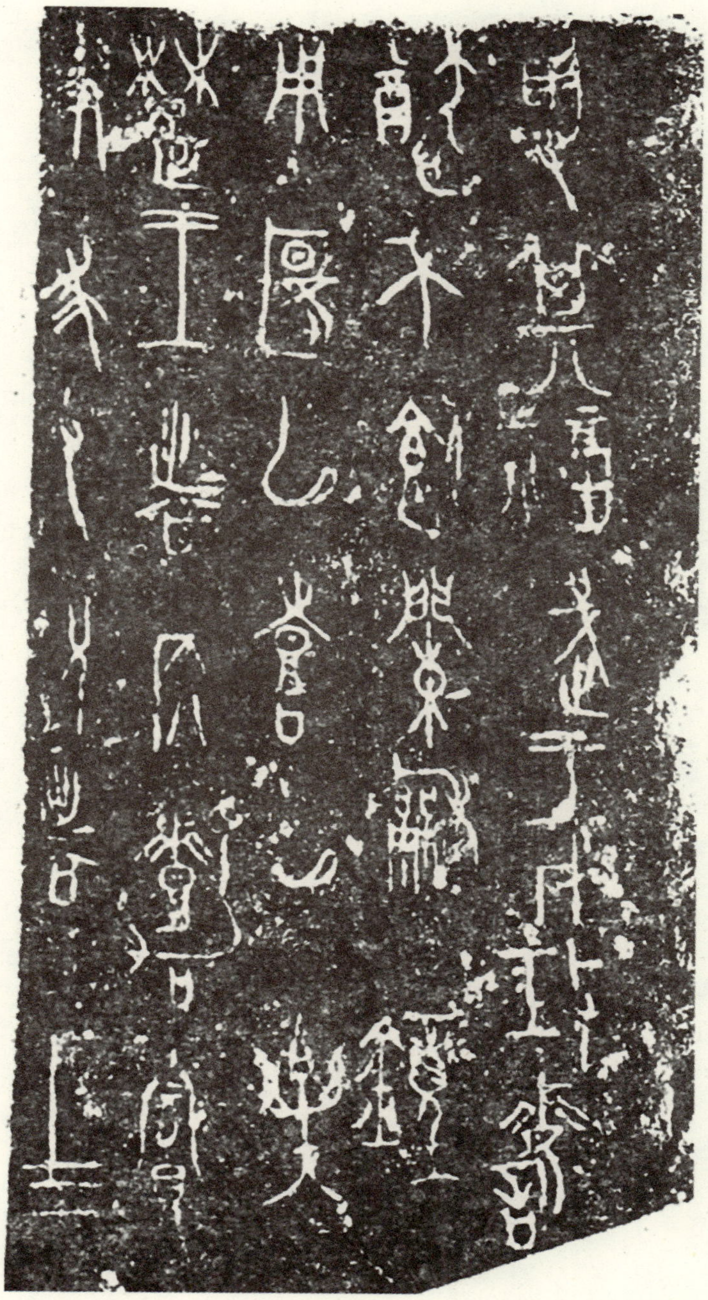

（正面）（左鼓）

受其福。武于戎功，誨
猷不飤。闌闌龢鐘，
用宴以喜，以樂
楚王、諸侯、嘉賓
及我父兄、諸士。

（背面）（右鼓）

皇熙，萬年無期，永保鼓之。

67 王孫誥編鐘

唯正月初吉
丁亥，王孫誥
擇其吉金，自
作龢鐘。中翰
且揚，元鳴孔

（正面）（右鼓）

字數：108（又重文 5）
度量：通高 66 釐米，重 46 千克
時代：春秋後期
著録：《淅川下寺春秋楚墓》151 頁
出土：1990 年河南淅川縣下寺 M2：8
現藏：河南省文物研究所

（正面）（鉦）

皇。有嚴穆=，敬事楚王。余不畏不差，惠于政德，淑于威儀。圅恭誅遲，畏忌翼=，

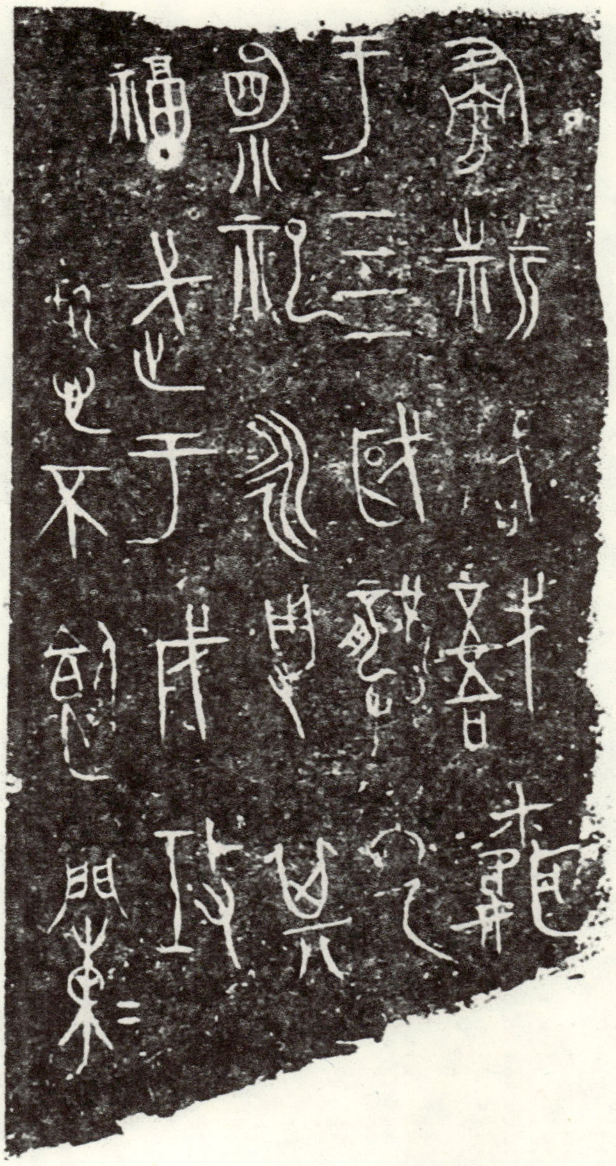

（正面）（左鼓）

肅哲臧禦，聞于四國。恭厥盟祀，永受其福。武于戎功，誨猷不飤。闌=

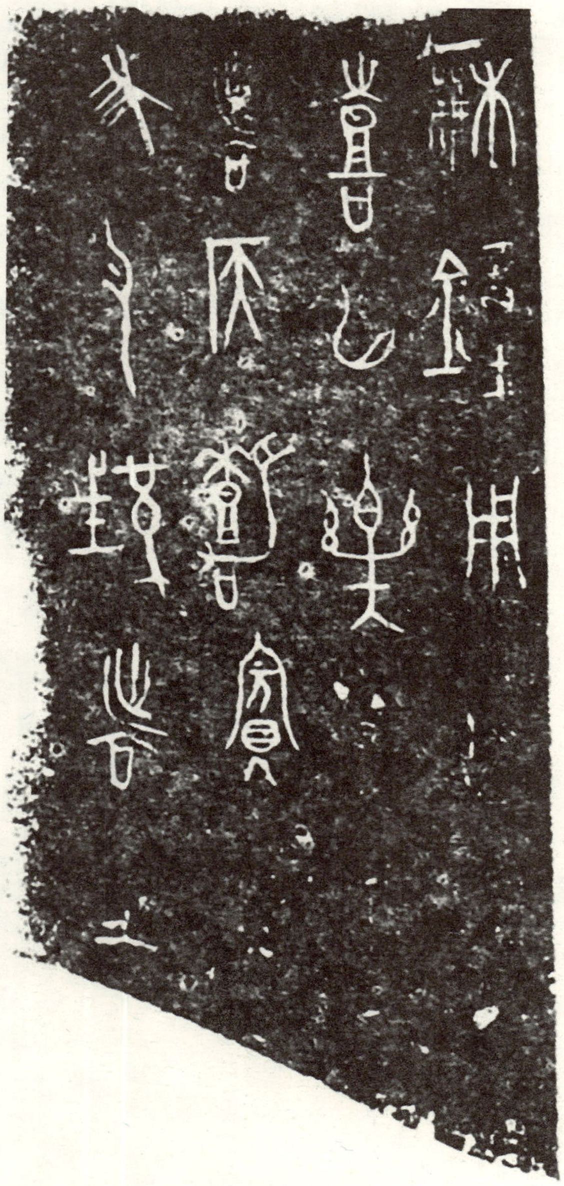

（背面）（右鼓）

龢鐘，用宴以喜，以樂楚王、諸侯、嘉賓及我父兄、諸士。

（背面）（鉦）

皇熙，萬年無
期，永保鼓之。

68 王孫誥編鐘

（正面）（鉦）

唯正月初吉
丁亥，王孫誥
擇其吉金，自作
龢鐘。中翰且

字數：108（又重文5）
度量：通高60釐米，重28.3千克
時代：春秋後期
著録：《淅川下寺春秋楚墓》152頁
出土：1990年河南淅川縣下寺M2：9
現藏：河南省文物研究所

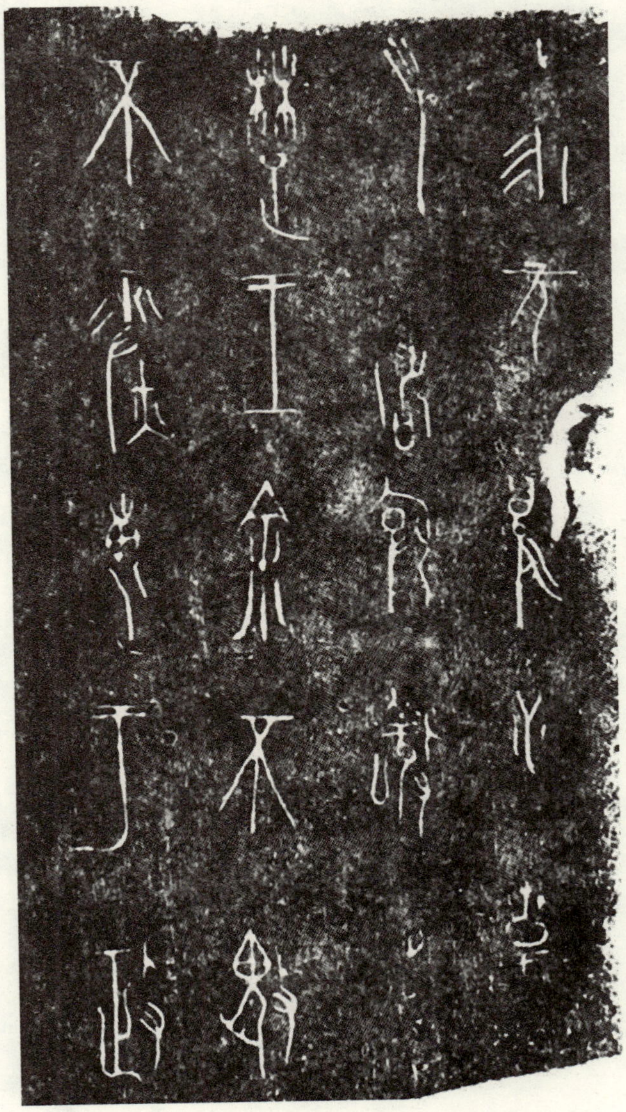

（正面）（左鼓）

揚，元鳴孔皇。
有嚴穆=，敬事
楚王。余不畏
不差，惠于政

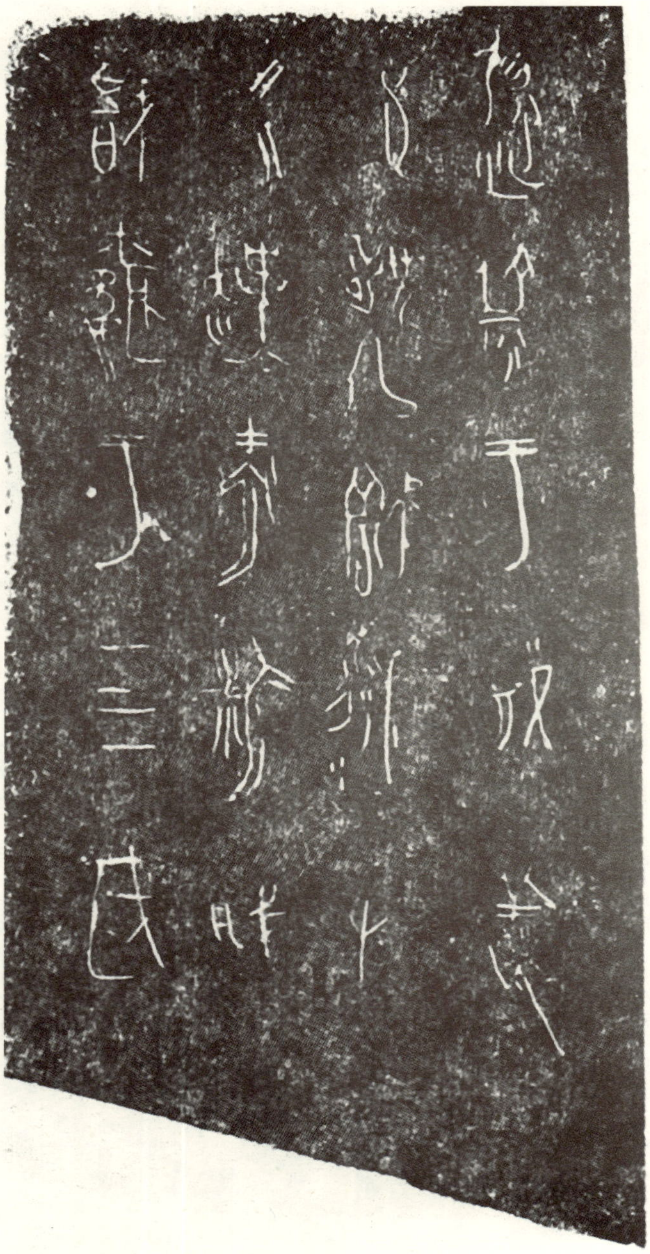

（背面）（右鼓）

德，淑于威儀。
圅恭⿰害夫遲，畏
忌翼=，肅哲臧
禦，聞于四國。

（背面）（鉦）

恭厥盟祀，永
受其福。武于
戎功，誨猷不
飤。闌=龢鐘，用

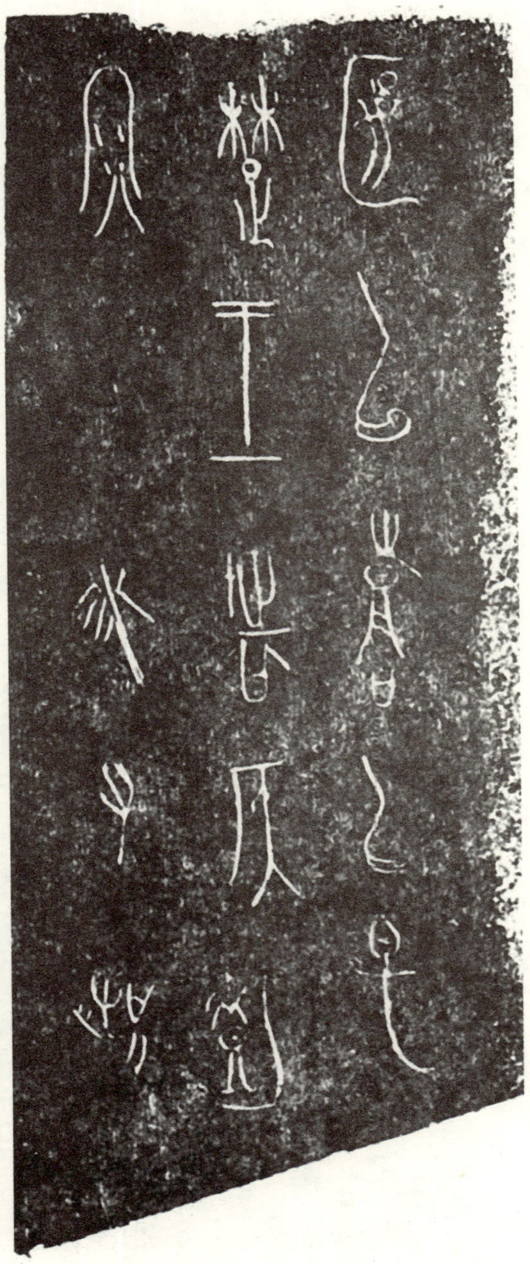

（背面）（左鼓）

宴以喜，以樂
楚王、諸侯、嘉
賓及我父兄、

（正面）（右鼓）

諸士。皇熙，萬年
無期，永保鼓之。

69 王孫誥編鐘

（正面）（鉦）

唯正月初吉丁亥，王孫誥擇其吉金，自作龢鐘。中翰

字數：108（又重文 5）
度量：通高 58.2 釐米，重 25 千克
時代：春秋後期
著録：《淅川下寺春秋楚墓》153 頁
出土：1990 年河南淅川縣下寺 M2:10
現藏：河南省文物研究所

（正面）（左鼓）

且揚，元鳴孔
皇。有嚴穆，敬
事楚王。余不
畏不差，惠于

（背面）（右鼓）

政德，淑于威
儀。卣恭誄遲，
畏忌翼〻，肅哲
臧禦，聞于四

（背面）（鉦）

國。恭厥盟祀，
永受其福。武
于戎功，誨猷
不飤。闌=龢鐘，

（背面）（左鼓）

用宴以喜，以
樂楚王、諸侯、
嘉賓及我父

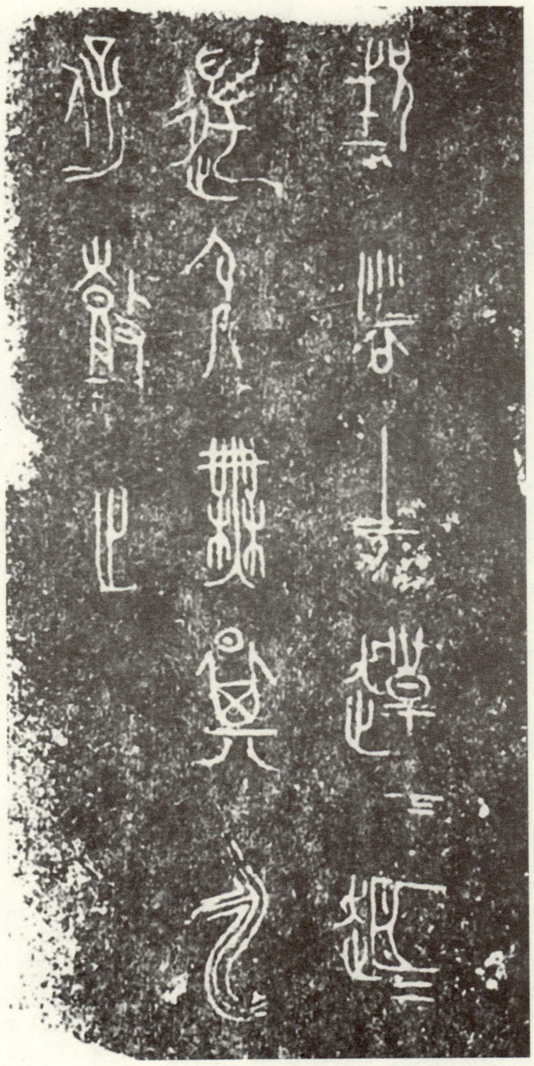

（正面）（右鼓）

兄、諸士。皇熙，
萬年無期，永
保鼓之。

70 王孫誥編鐘

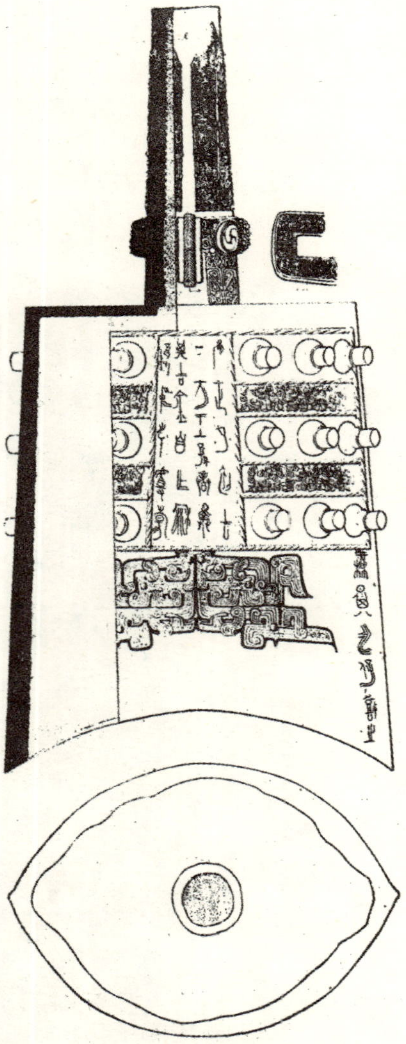

唯正月初吉
丁亥，王孫誥擇
其吉金，自作龢
鐘。中翰且揚，
元鳴孔皇。有
嚴穆=，敬事楚
王。余不畏不
差，惠于政德，
淑于威儀。圅
恭[害夫]遲，畏忌
翼=，肅哲臧禦，
聞于四國。恭
厥盟祀，永受
其福。武于戎
功，誨猷不飤。
闌=龢鐘，用宴
以喜，以樂楚
王、諸侯、嘉賓
及我父兄、諸
士。皇=熙=，萬年
無期，永保鼓之。

字數:108(又重文5)
度量:通高53.7釐米,重17千克
時代:春秋後期
著録:《淅川下寺春秋楚墓》155—156頁
出土:1990年河南淅川縣下寺M2:11
現藏:河南省文物研究所

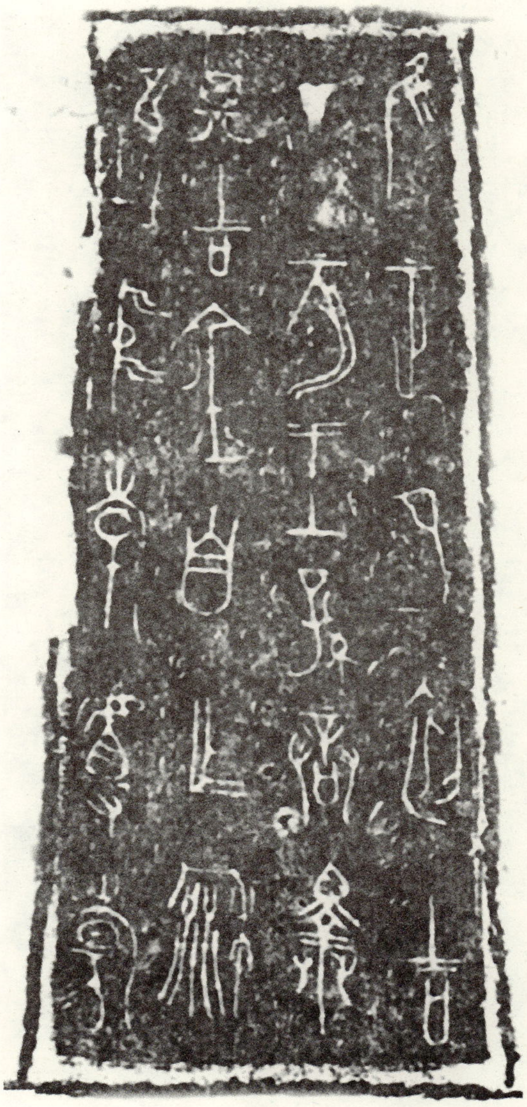

（正面）（鉦）

唯正月初吉

丁亥，王孫誥擇

其吉金，自作龢

鐘。中翰且揚，

（正面）（左鼓）

元鳴孔皇。有
嚴穆=，敬事楚
王。余不畏不
差，惠于政德，

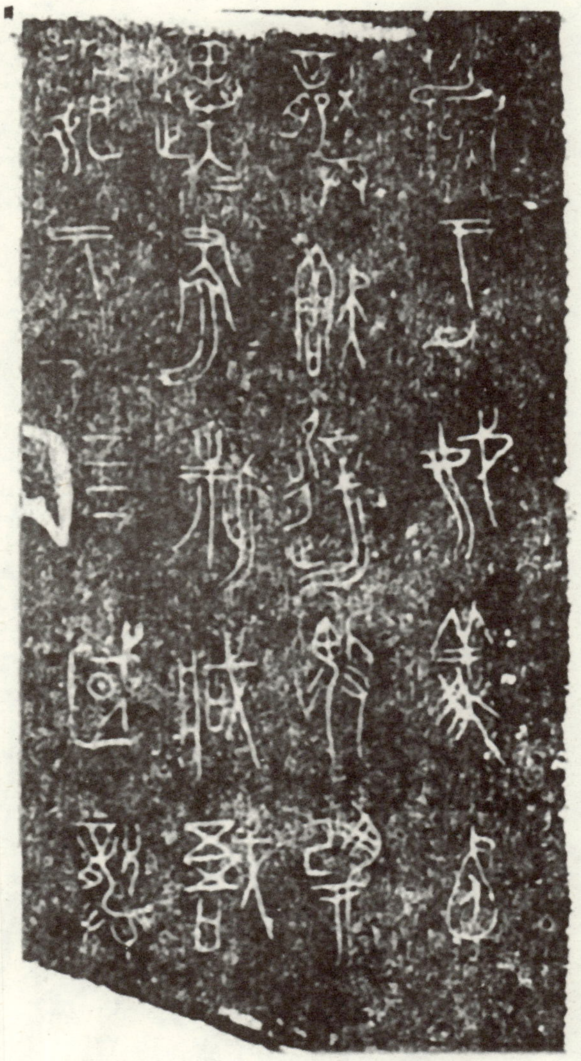

（背面）（右鼓）

淑于威儀。圅
恭𡔷遲，畏忌
翼=，肅哲臧禦，
聞于四國。恭

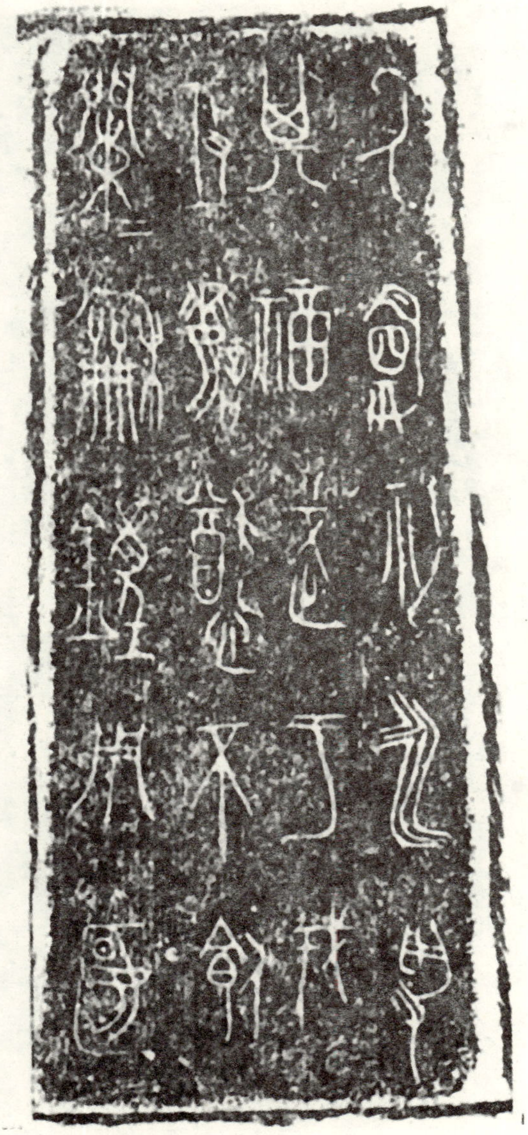

（背面）（鉦）

厥盟祀，永受
其福。武于戎
功，誨猷不飤。
闌龢鐘，用宴

（背面）（左鼓）

以喜，以樂楚
王、諸侯、嘉賓
及我父兄、諸

（正面）（右鼓）

士。皇熙，萬年無期，永保鼓之。

71 王孫誥編鐘

唯正月初吉丁亥，王孫誥擇其吉金，自作龢鐘。中翰且揚，元鳴孔皇。有嚴穆=，敬事楚王。余不畏不差，惠于政德，淑于威儀。圅恭誅遲，畏忌翼=，肅哲臧禦，聞于四國。恭厥盟祀，永受其福。武于戎功，誨猷不飤。闌=龢鐘，用宴以喜，以樂楚王、諸侯、嘉賓及我父兄、諸士。皇=熙=，萬年無期，永保鼓之。

字數：108（又重文5）
度量：通高50.5釐米，重15.5千克
時代：春秋後期
著録：《淅川下寺春秋楚墓》157頁
出土：1990年河南淅川縣下寺M2：12
現藏：河南省文物考古研究所

（正面）（鉦）

唯正月初吉
丁亥，王孫誥
擇其吉金，自
作龢鐘。中翰

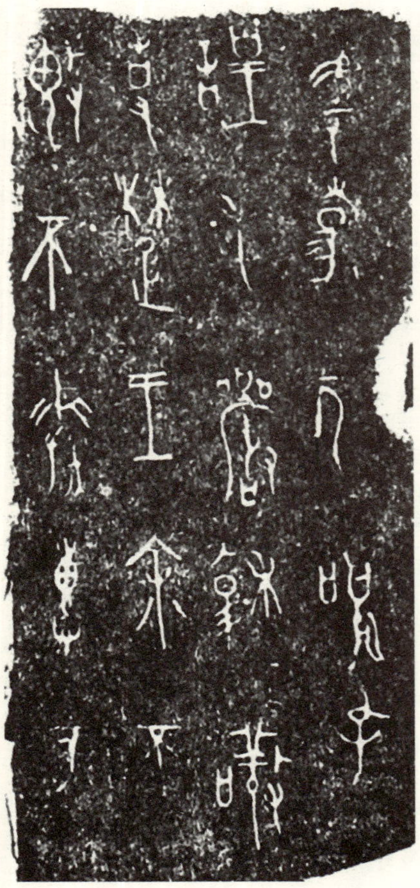

（正面）（左鼓）

且揚，元鳴孔
皇。有嚴穆=，敬
事楚王。余不
畏不差，惠于

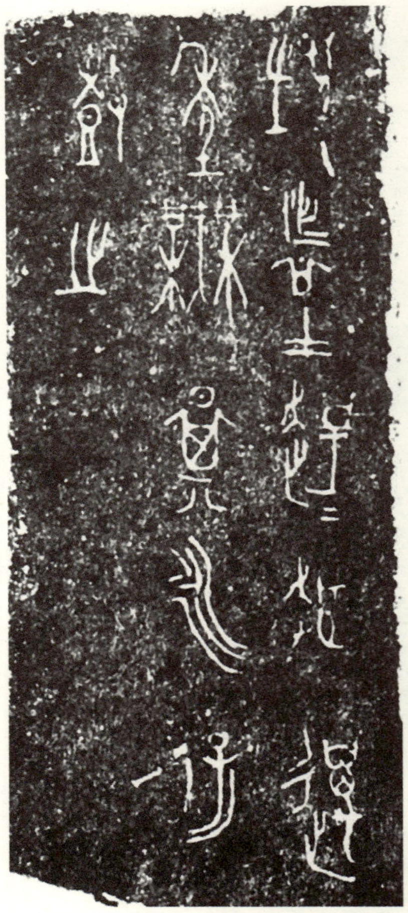

（正面）（右鼓）

兄、諸士。皇熙=，萬
年無期，永保
鼓之。

（背面）（鉦）

國。恭厥盟祀，永受其福。武于戎功，誨猷不飤。闌=龢鐘，

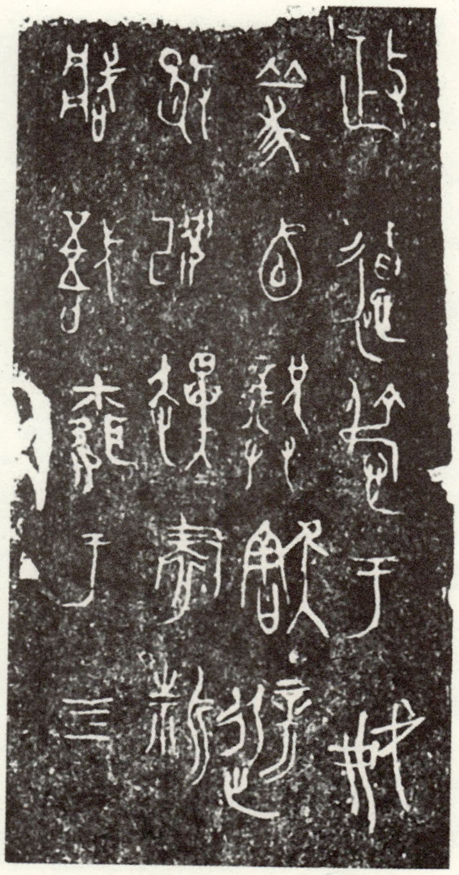

（背面）（右鼓）

政德，淑于威儀。圅恭誅遲，畏忌翼=，肅哲臧禦，聞于四

（背面）（左鼓）

用宴以喜，以樂楚王、諸侯、嘉賓及我父

72 王孫誥編鐘

唯正月初吉
丁亥，王孫誥
擇其吉金，自
作龢鐘。中
翰且揚，元
鳴孔皇。有
嚴穆＝，敬事
楚王。余不
畏不差，惠
于政德，淑于
威儀。圅恭䛊
遲，畏忌翼＝，肅
哲臧禦，聞
于四國。恭
厥盟祀，永
受其福。武
于戎功，誨

字數：74（又重文2）
度量：通高47.2釐米，重13.9千克
時代：春秋後期
著録：《淅川下寺春秋楚墓》158頁
出土：1990年河南淅川縣下寺M2：13
現藏：河南省文物考古研究所
備注：M2：13和M2：14銘文連讀合成一篇

（正面）（鉦）

唯正月初吉
丁亥，王孫誥
擇其吉金，自

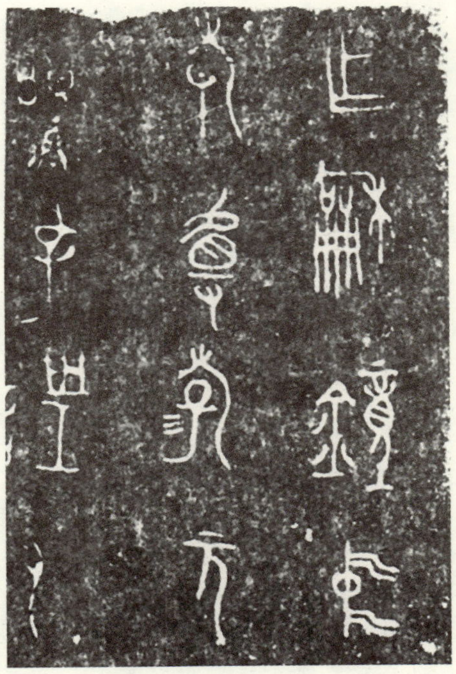

（正面）（左鼓）

作龢鐘。中
翰且揚，元
鳴孔皇。有

（正面）（右鼓）

受其福。武
于戎功，誨

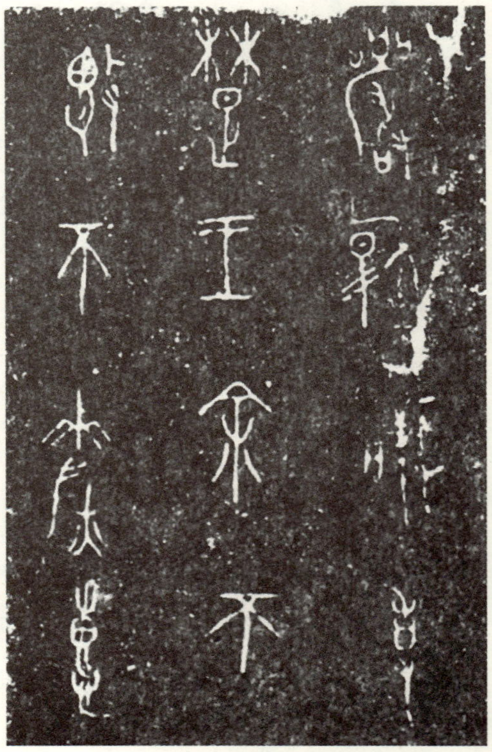

（背面）（右鼓）

嚴穆=，敬事
楚王。余不
畏不差，惠

（背面）（鉦）

于政德，淑于
威儀。圅恭䜴
遟，畏忌翼=，肅

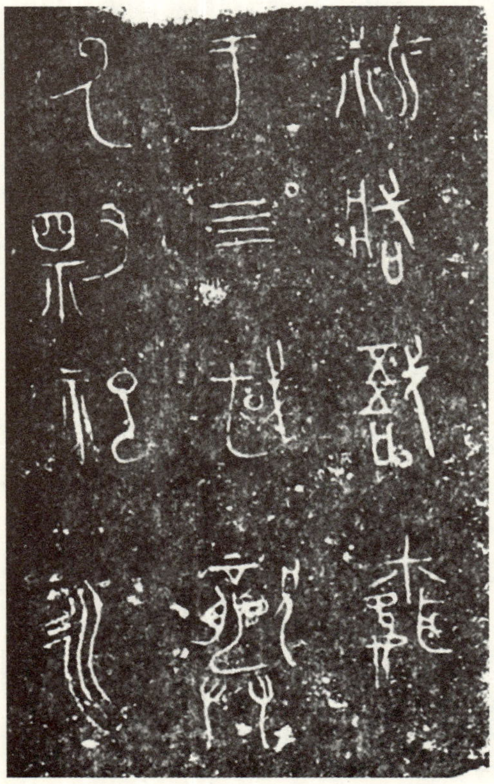

（背面）（左鼓）

哲臧禦，聞
于四國。恭
厥盟祀，永

73 王孫誥編鐘

憖不飤。闌=
龢鐘，用宴
以喜，以樂
楚王、諸侯、
嘉賓及我
父兄、諸士。
皇=熙=，萬年
無期，永保
鼓之。

字數：34（又重文 3）
度量：通高 44.6 釐米，重 12 千克
時代：春秋後期
著録：《淅川下寺春秋楚墓》159 頁
出土：1990 年河南淅川縣下寺 M2：14
現藏：河南省文物研究所

懕不飤。闌=
龢鐘，用宴

（正面）（鉦）

以喜，以樂
楚王、諸侯、

（正面）（左鼓）

（背面）（鉦）

皇熙，萬年
無期，永保

（背面）（右鼓）

嘉賓及我
父兄、諸士。

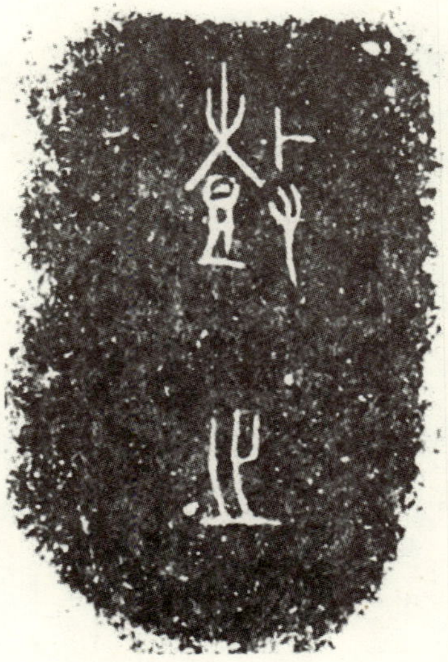

（背面）（左鼓）

鼓之。

74 王孫誥編鐘

政德，淑于威儀。圅恭誅遲，畏忌翼=，肅哲臧禦，聞于四國。恭厥盟祀，永受其福。武于戎功，誨猷不飤。闌=龢鐘，

字數:40(又重文 2)
度量:通高 39.4 釐米,重 9.5 千克
時代:春秋後期
著録:《淅川下寺春秋楚墓》164 頁
出土:1990 年河南淅川縣下寺 M2:15
現藏:河南省文物研究所

（正面）（鉦）

政德，淑于
威儀。圅恭

（正面）（左鼓）

誅遲，畏
忌翼=，肅

（正面）（右鼓）

慭不飤。
闌=龢鐘，

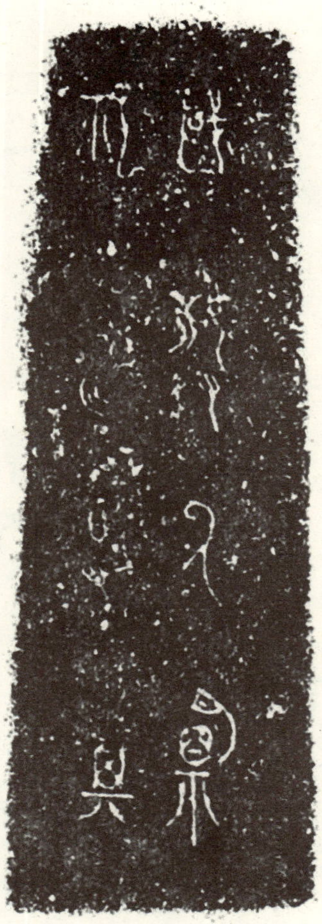

（背面）（鉦）

國。恭厥盟祀，永受其

（背面）（左鼓）

福。武于戎功，誨

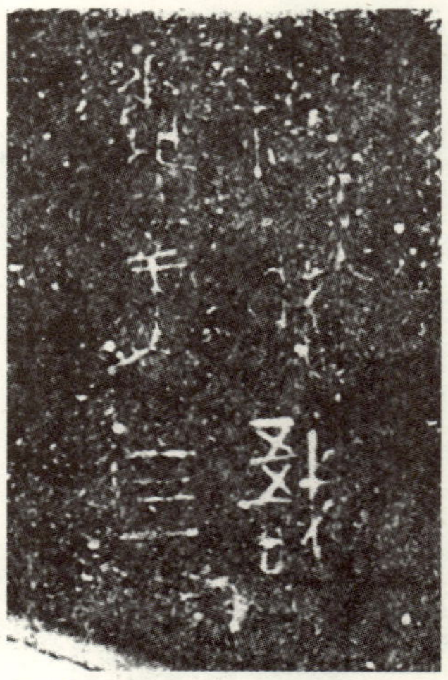

（背面）（右鼓）

哲臧禦，聞于四

75 王孫誥編鐘

唯正月初
吉丁亥，王
孫誥擇其
吉金，自作
龢鐘。中翰
且揚，元鳴孔
皇。有嚴穆=，
敬事楚王。
余不畏不
差，惠于政
德，淑于威
儀。圅恭[舍夫]

字數:49(又重文1)
度量:通高38.6釐米,重6.7千克
時代:春秋後期
著録:《淅川下寺春秋楚墓》167頁
出土:1990年河南淅川縣下寺M2:16
現藏:河南省文物研究所

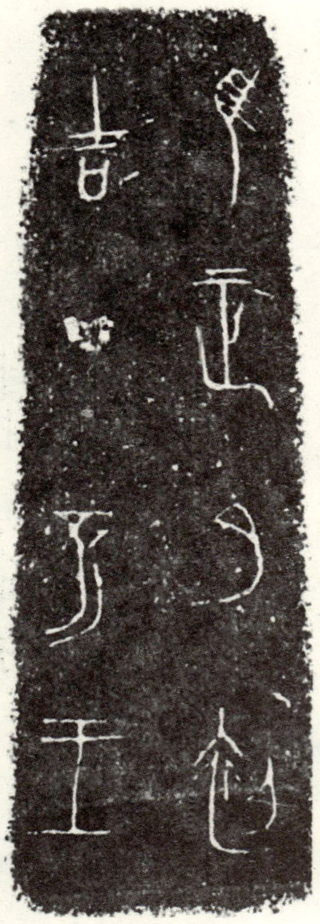

（正面）（鉦）

唯正月初
吉丁亥，王

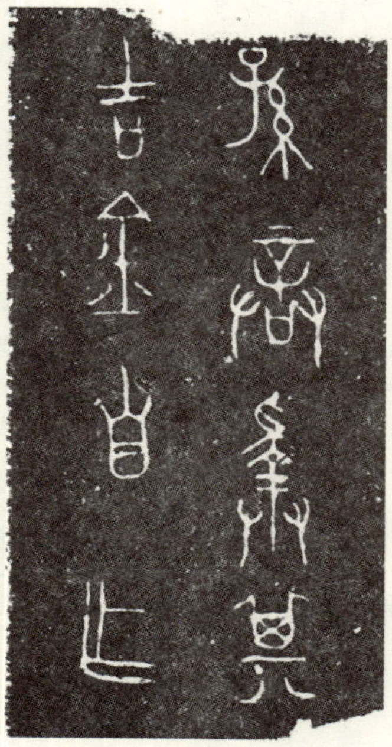

（正面）（左鼓）

孫誥擇其
吉金，自作

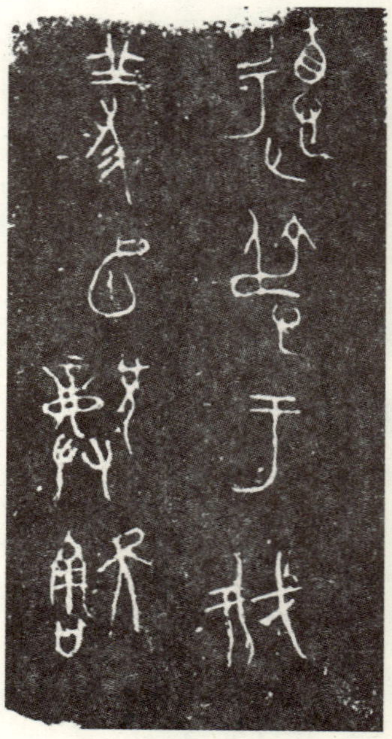

（正面）（右鼓）

德，淑于威
儀。圅恭訣

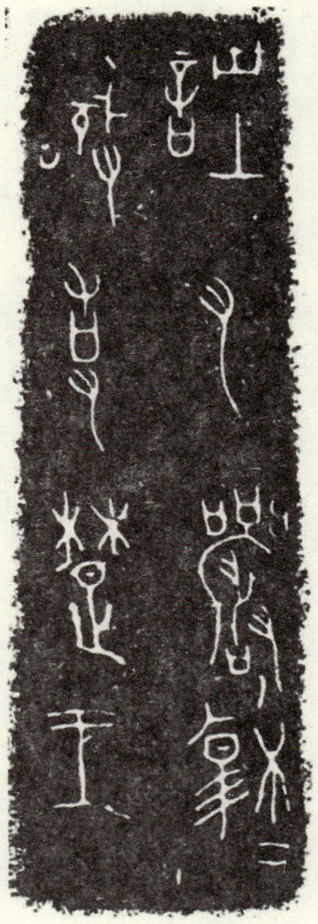

（背面）（鉦）

皇。有嚴穆=，
敬事楚王。

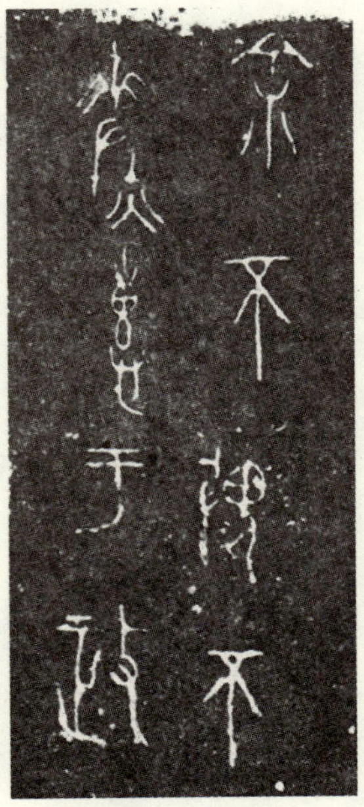

（背面）（左鼓）

余不畏不
差，惠于政

（背面）（右鼓）

龢鐘。中翰
且揚，元鳴孔

76 王孫誥編鐘

唯正月初吉
丁亥，王孫誥
擇其吉
金，自作
龢鐘。中翰
且揚，元鳴
孔皇。有
嚴穆=，敬
事楚王。余不
畏不差，惠于
政德，淑
于威儀。
圅恭誅遲，
畏忌翼=，肅
哲臧禦，
聞于四

字數：60（又重文 2）
度量：通高 46.2 釐米，重 15.5 千克
時代：春秋後期
著録：《淅川下寺春秋楚墓》161 頁
出土：1990 年河南淅川縣下寺 M2：17
現藏：河南省文物考古研究所

（正面）（鉦）

唯正月初吉

丁亥，王孫誥

（正面）（左鼓）

擇其吉

金，自作

龢鐘。中翰

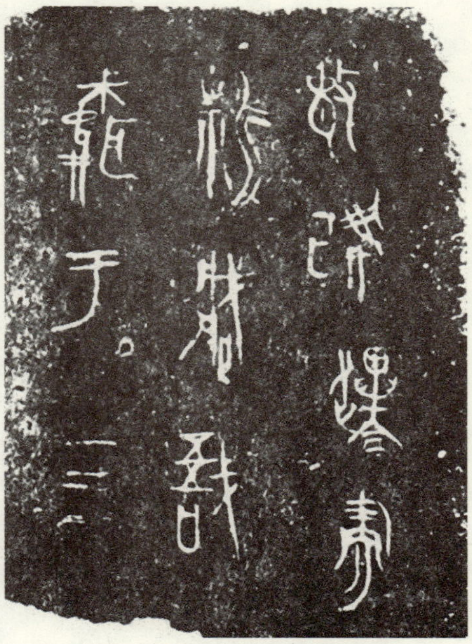

（正面）（右鼓）

畏忌翼〓，肅

哲臧禦，

聞于四

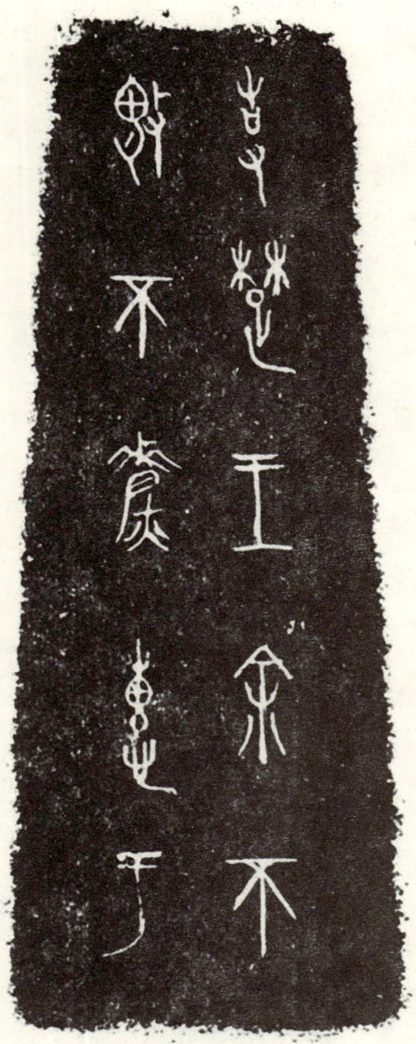

（背面）（鉦）

事楚王。余不
畏不差，惠于

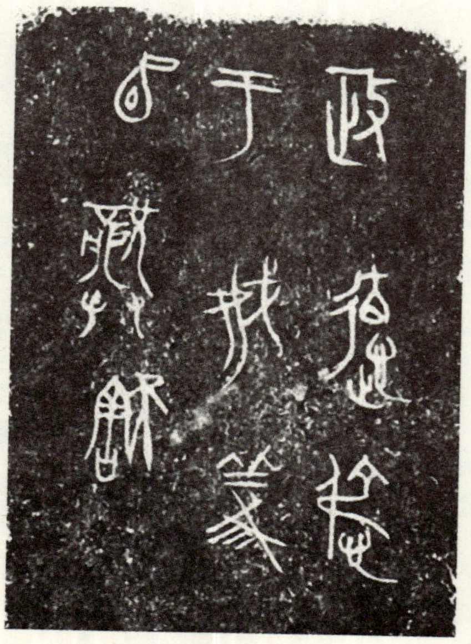

（背面）（左鼓）

政德，淑
于威儀。
圅恭誅遲，

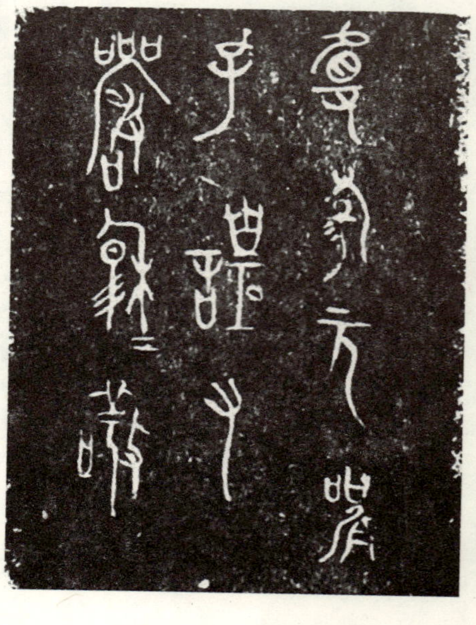

（背面）（右鼓）

且揚，元鳴
孔皇。有
嚴穆，敬

77 王孫誥編鐘

唯正月初
吉丁亥，王
孫誥擇
其吉金，
自作龢
鐘。中翰
且揚，元鳴
孔皇。有嚴
穆=，敬事
楚王。余
不畏不
差，惠于

字數：40（又重文1）
度量：通高40.9釐米，重10.7千克
時代：春秋後期
著録：《淅川下寺春秋楚墓》163頁
出土：1990年河南淅川縣下寺M2：18
現藏：河南省文物考古研究所

（正面）（鉦）

唯正月初
吉丁亥，王

（正面）（左鼓）

孫誥擇
其吉金，

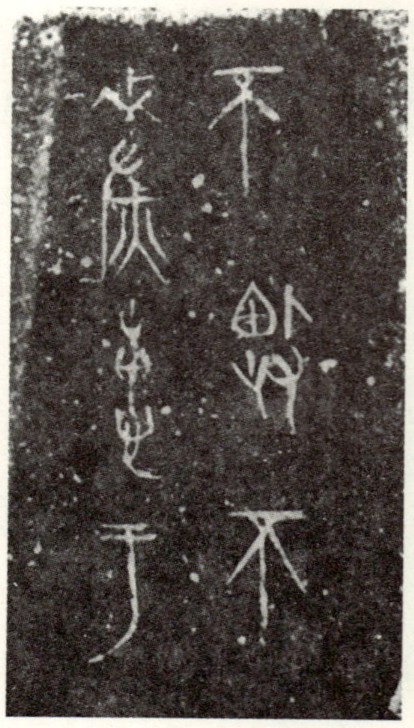

（正面）（右鼓）

不畏不
差，惠于

（背面）（鉦）

且揚，元鳴孔皇。有嚴

（背面）（左鼓）

穆，敬事楚王。余

（背面）（右鼓）

自作龢鐘。中翰

78 王孫誥編鐘

國。恭厥盟祀，
永受其福。武
于戎功，
誨猷不
飤。闌=龢
鐘，用宴
以喜，以樂楚
王、諸侯、嘉賓
及我父
兄、諸士。
皇=熙=，萬年
無期，永
保鼓之。

字數:48(又重文 3)
度量:通高 45.6 釐米,重 13 千克
時代:春秋後期
著録:《淅川下寺春秋楚墓》162 頁
出土:1990 年河南淅川縣下寺 M2:19
現藏:河南省文物研究所

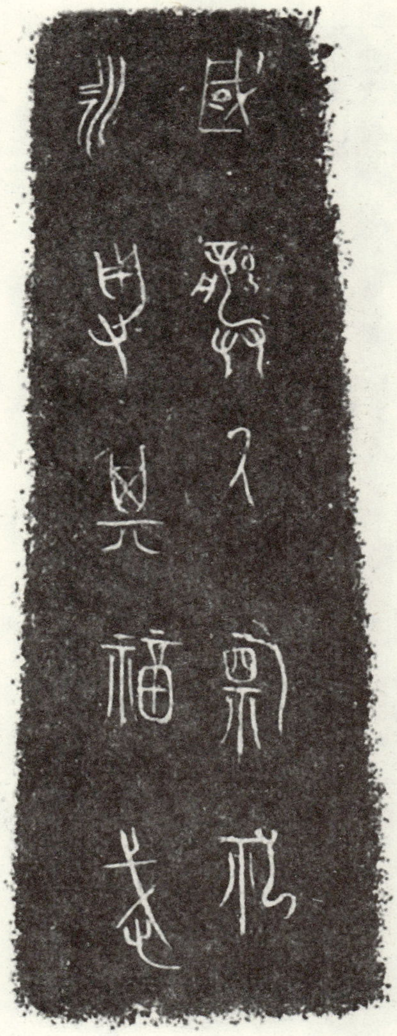

（正面）（鉦）

國。恭厥盟祀，
永受其福。武

（正面）（左鼓）

于戎功，
誨慭不

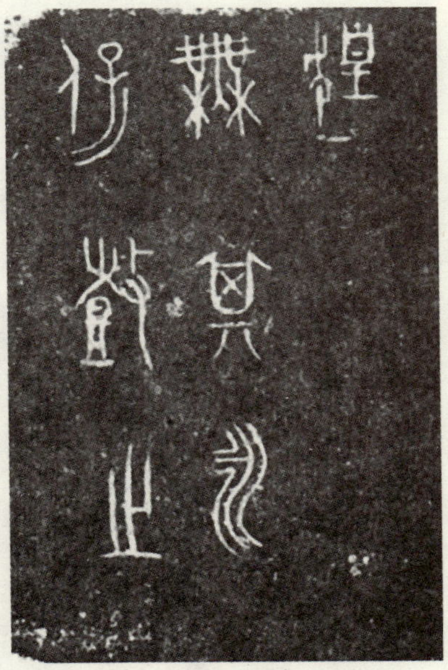

（正面）（右鼓）

皇熙，萬年
無期，永
保鼓之。

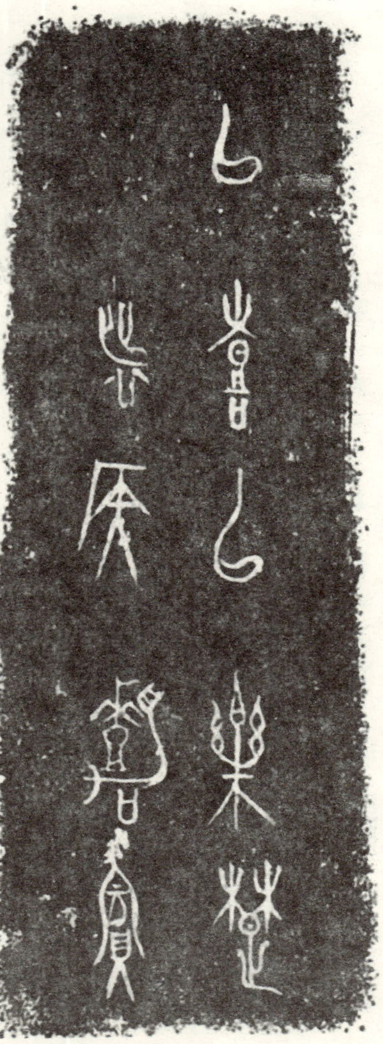

（背面）（鉦）

以喜，以樂楚
王、諸侯、嘉賓

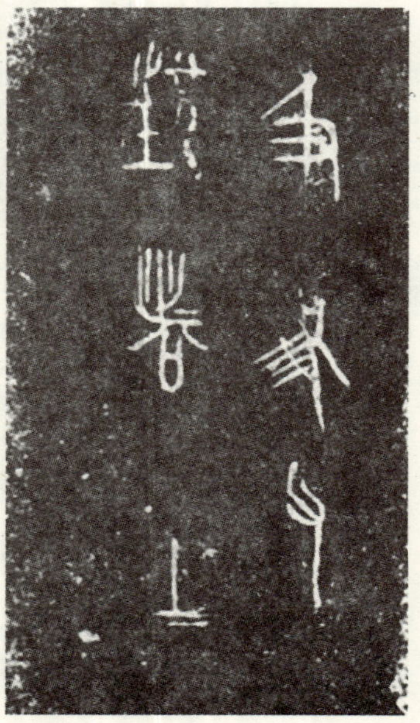

（背面）（左鼓）

及我父
兄、諸士。

（背面）（右鼓）

飤。闌龢
鐘，用宴

79 王孫誥編鐘

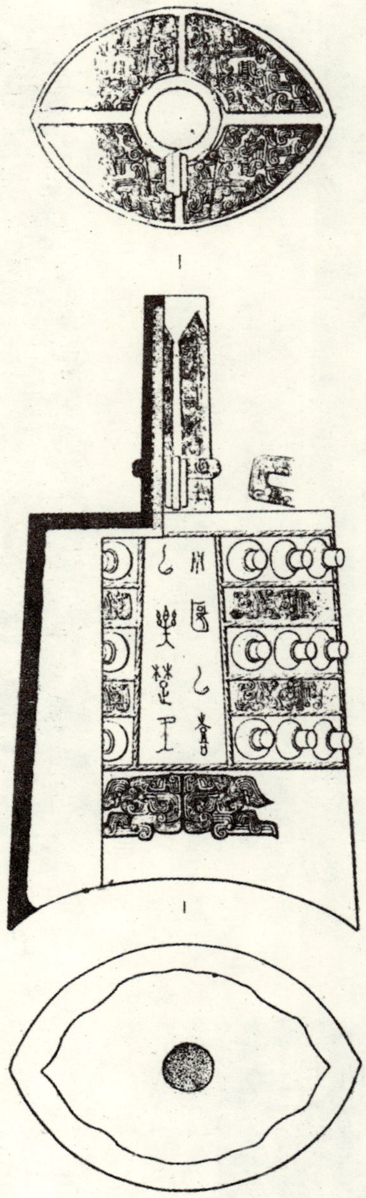

用宴以喜，以樂楚王、諸侯、嘉賓及我父兄、諸士。皇熙，萬年無期，永保鼓之。

字數：28（又重文 2）
度量：通高 33.65 釐米，重 7.4 千克
時代：春秋後期
著録：《淅川下寺春秋楚墓》165 頁
出土：1990 年河南淅川縣下寺 M2：20
現藏：河南省文物研究所

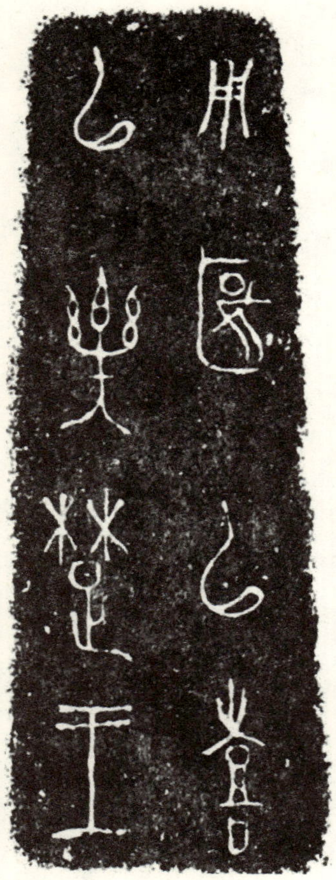

（正面）（鉦）

用宴以喜，
以樂楚王、

（正面）（左鼓）

諸侯、
嘉賓

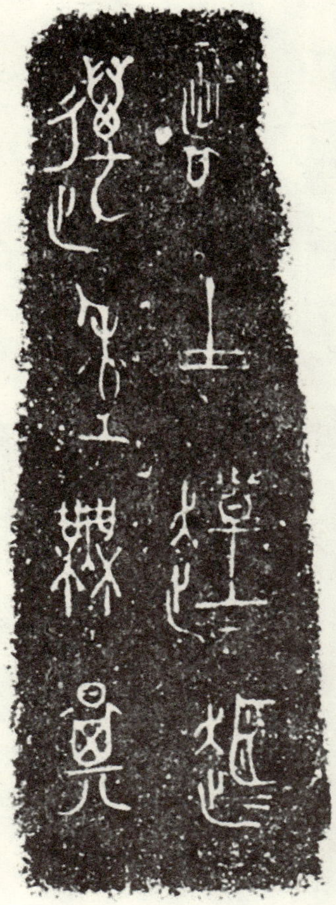

（背面）（鉦）

諸士。皇熙，
萬年無期，

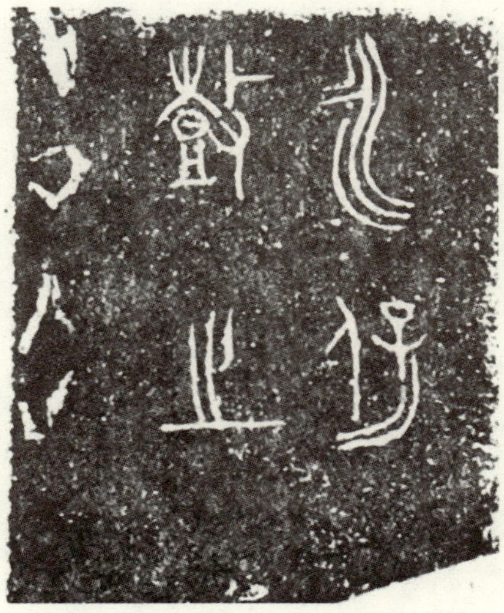

（背面）（左鼓）

永保
鼓之。

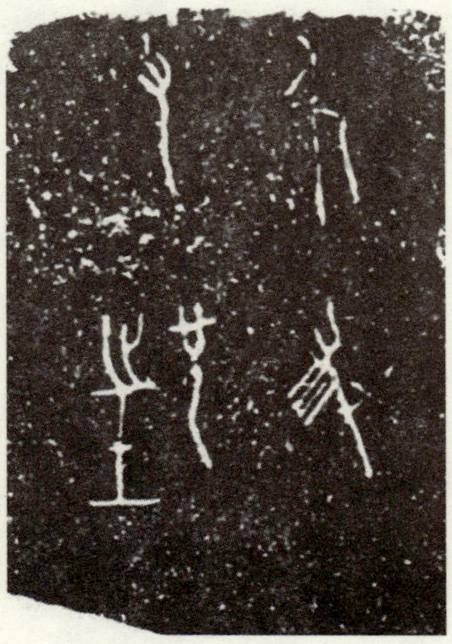

（背面）（右鼓）

及我
父兄、

80 王孫誥編鐘

樂楚王、
諸侯、嘉
賓及我
父兄、諸
士。皇熙，
萬年無
期，永保
鼓之。

字數:23(又重文2)
度量:通高33.7釐米,重7.4千克
時代:春秋後期
著録:《淅川下寺春秋楚墓》169頁
出土:1990年河南淅川縣下寺M2:21
現藏:河南省文物研究所

樂楚王、
諸侯、嘉

（正面）（鉦）

賓及我
父兄、諸

（正面）（左鼓）

（背面）（鉦）

期，永保
鼓之。

（背面）（右鼓）

士。皇熙，
萬年無

81 王孫誥編鐘

遲，畏忌
翼=，肅哲
臧禦，聞
于四國。
恭厥盟
祀，永受
其福。武
于戎功，
誨猷不
飤。闌=龢
鐘，用宴
以喜，以

字數：36（又重文2）
度量：通高35.6釐米，重6.7千克
時代：春秋後期
著録：《淅川下寺春秋楚墓》168頁
出土：1990年河南淅川縣下寺M2：22
現藏：河南省文物研究所

（正面）（鉦）

遲，畏忌
翼，肅哲

（正面）（左鼓）

臧禦，聞
于四國。

（正面）（右鼓）

鐘，用宴
以喜，以

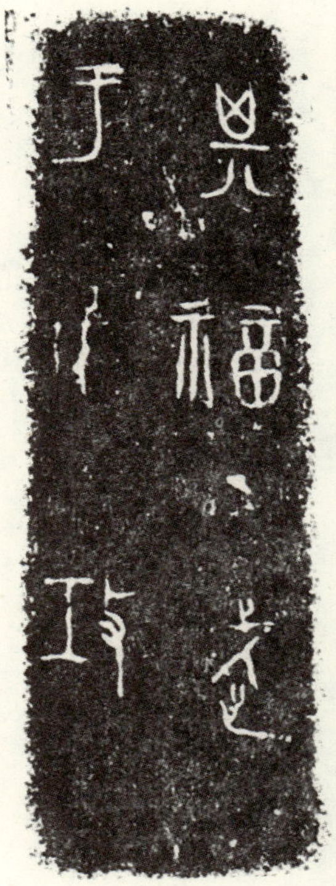

（背面）（鉦）

其福。武于戎功，

（背面）（左鼓）

誨憖不飤。闌=龢

（背面）（右鼓）

恭厥盟祀，永受

82 王孫誥編鐘

王。余不畏
不差，惠于
政德，
淑于
威儀。
圅恭
⿰壴夫遲，畏忌
翼=，肅哲臧
禦，聞
于四
國。恭
厥盟

字數:32(又重文1)
度量:通高27.5釐米,重4.3千克
時代:春秋後期
著録:《淅川下寺春秋楚墓》171頁
出土:1990年河南淅川縣下寺M2:23
現藏:河南省文物研究所

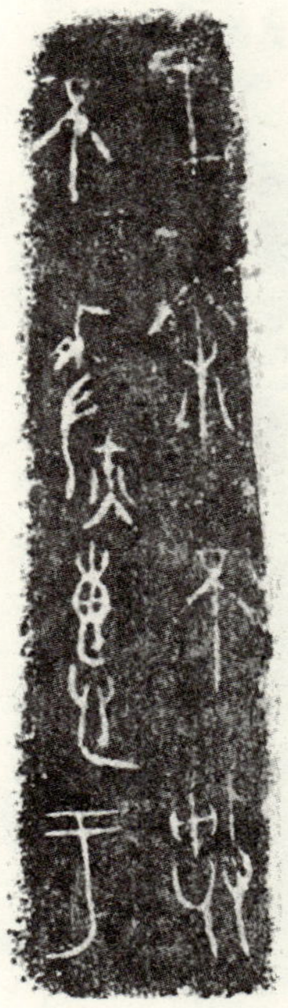

（正面）（鉦）

王。余不畏
不差，惠于

（正面）（左鼓）

政德，
淑于

（正面）（右鼓）

國。恭
厥盟

（背面）（鉦）

誅遲，畏忌
翼=，肅哲臧

（背面）（左鼓）

禦，聞
于四

（背面）（右鼓）

威儀。
圅恭

83 王孫誥編鐘

祀，永受其
福。武于戎
功，誨
猷不
飤。闌=
龢鐘，
用宴以喜，
以樂楚王、
諸侯、
嘉賓
及我
父兄、

字數:32(又重文1)
度量:通高25釐米,重3.3千克
時代:春秋後期
著録:《淅川下寺春秋楚墓》172頁
出土:1990年河南淅川縣下寺M2:24
現藏:河南省文物研究所

（正面）（鉦）

祀，永受其

福。武于戎

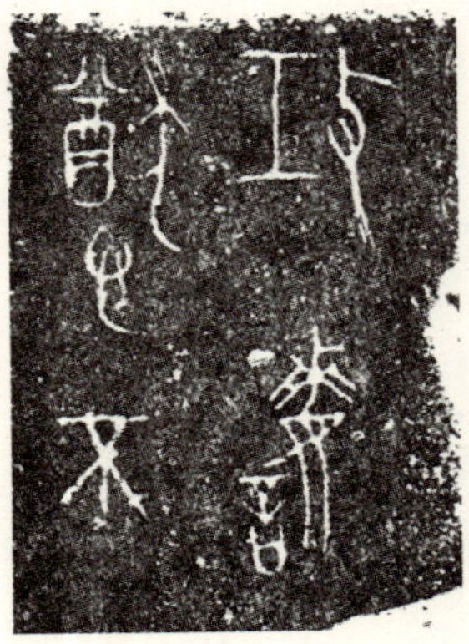

（正面）（左鼓）

功，誨

懋不

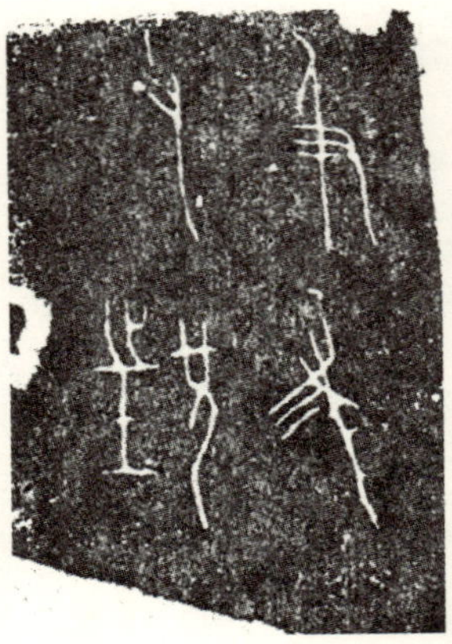

（正面）（右鼓）

及我

父兄、

（背面）（右鼓）

飤。闌=
龢鐘，

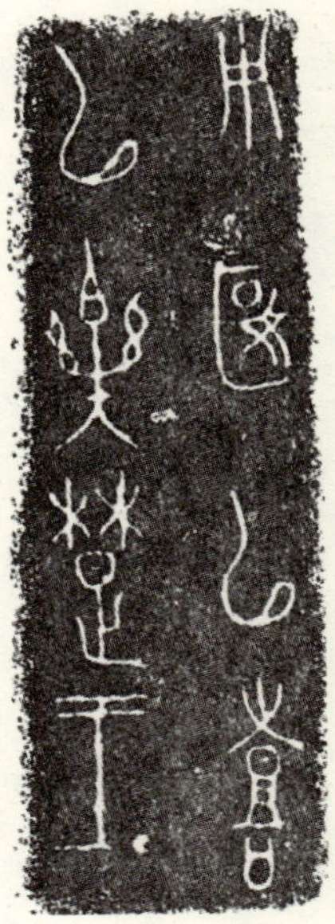

（背面）（鉦）

用宴以喜，
以樂楚王、

（背面）（左鼓）

諸侯、
嘉賓

84 王孫誥編鐘

諸士。皇=
熙=，萬
年無
期，永保
鼓之。

字數：12（又重文 2）
度量：通高 23.35 釐米，重 2.8 千克
時代：春秋後期
著録：《淅川下寺春秋楚墓》173 頁
出土：1990 年河南淅川縣下寺 M2:25
現藏：河南省文物考古研究所

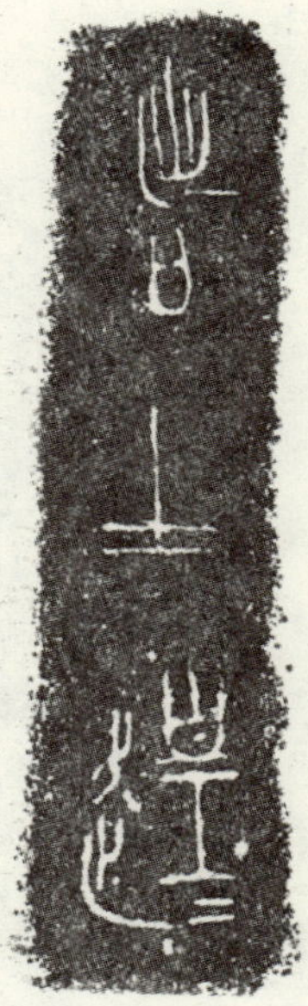

（正面）（鉦）

諸士。皇=

（正面）（左鼓）

熙=，萬

（背面）（鉦）

期，永保

（背面）（左鼓）

鼓之。

（背面）（右鼓）

年無

85 王孫誥編鐘

唯正月初
吉丁亥，王
孫誥
擇其
吉金，
自作
龢鐘。中翰
且揚，元鳴
孔皇。
有嚴
穆₌，敬
事楚

字數：32（又重文1）
度量：通高33.6釐米，重7.4千克
時代：春秋後期
著録：《淅川下寺春秋楚墓》170頁
出土：1990年河南淅川縣下寺M2:26
現藏：河南省文物研究所

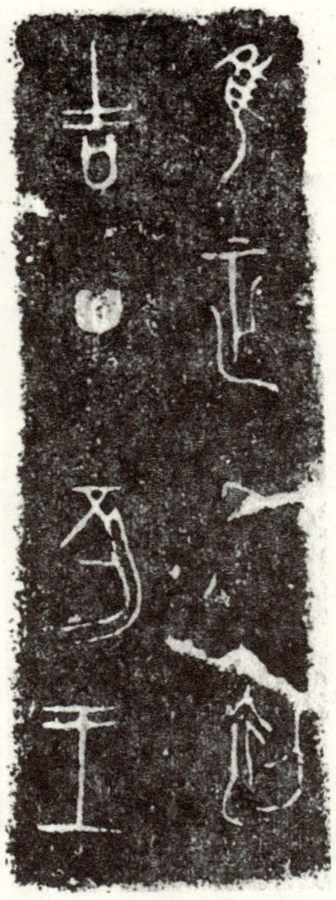

（正面）（鉦）

唯正月初
吉丁亥，王

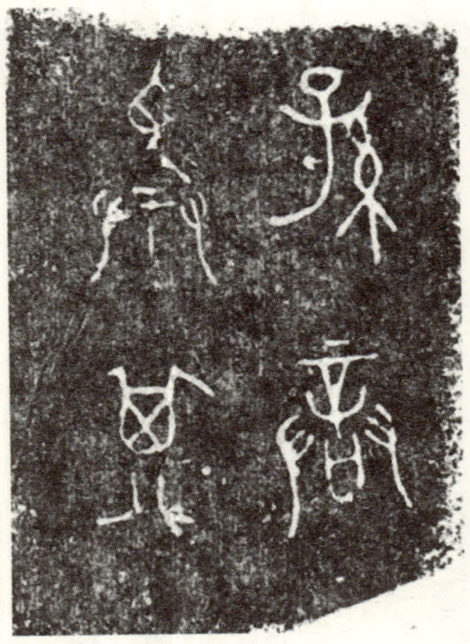

（正面）（左鼓）

孫誥
擇其

（正面）（右鼓）

穆，敬
事楚

（背面）（鉦）

龢鐘。中翰且揚，元鳴

（背面）（左鼓）

孔皇。有嚴

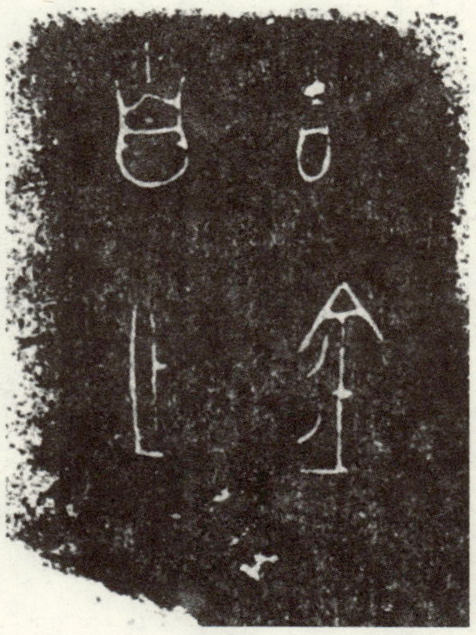

（背面）（右鼓）

吉金，自作

虢季編鐘

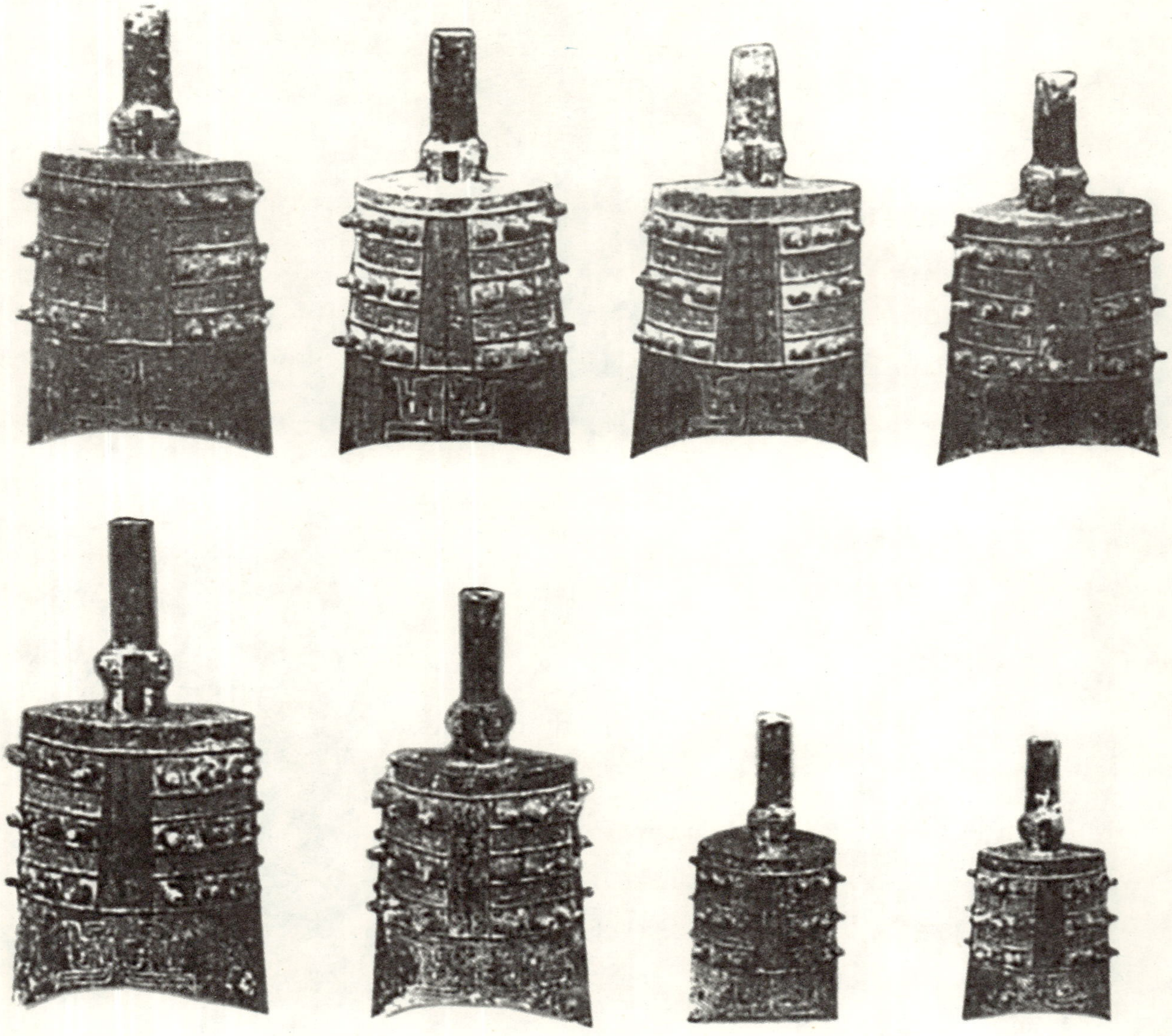

虢季編鐘測音數據表

器　號	M2001: 45	M2001: 49	M2001: 48	M2001: 44	M2001: 50	M2001: 51	M2001: 46	M2001: 47
正鼓音	破裂尖音	$\#c^1-7$	f^1-27	$\#a^1-10$	f^2-41	$\#a^2+11$	f^3+29	$\#a^3+33$
側鼓音	破裂失音	$\#f^1-31$	$\#g^1-10$	$\#c^2-1$	$\#g^2-31$	$\#c^3+37$	a^3-36	$\#c^4+8$

86 虢季編鐘

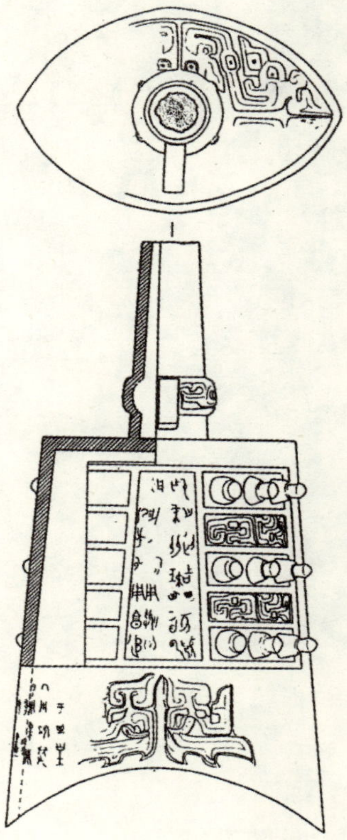

字數:51
度量:通高 59.4 釐米
時代:西周晚期
著録:《三門峽虢國墓》上册 73 頁
出土:河南三門峽市虢國墓地 M2001:45
現藏:河南三門峽市文物工作隊
備注:該組編鐘出土共八枚,前四枚銘文相同,各 51 字

[唯]十月初吉丁亥，虢[季]作爲協鐘，其音鳴[雍]，用義其賓，用與其[邦]。虢季作寶，用享追

孝。于其皇
考，用祈萬
壽。用樂用
享，季氏
受福無疆。

87 虢季編鐘

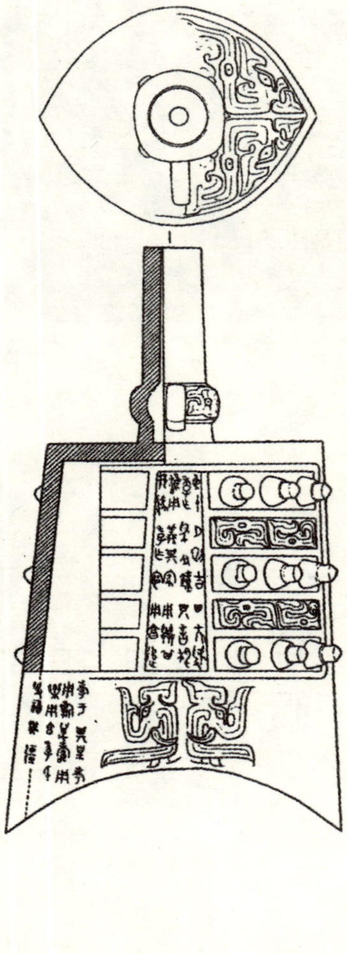

字數:51
度量:通高 54.7 釐米
時代:西周晚期
著録:《三門峽虢國墓》上册 74 頁
出土:河南三門峽市虢國墓地 M2001:49
現藏:河南三門峽市文物工作隊

唯十月初吉丁亥，虢季作爲協鐘，其音鳴雍，用義其賓，用與其邦。虢季作寶，用享追

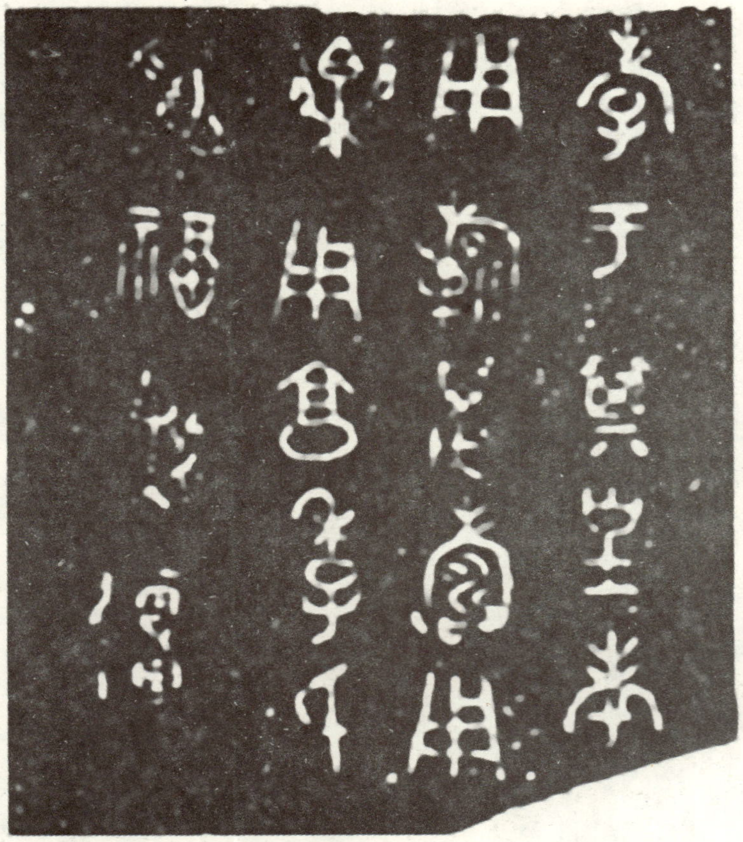

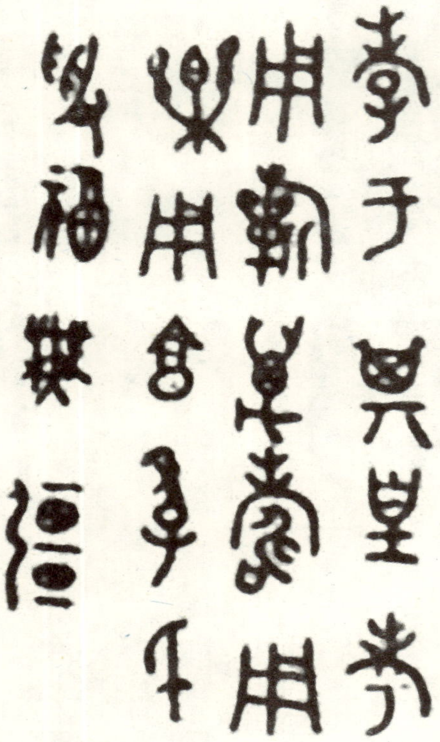

孝。于其皇考，
用祈萬壽。用
樂用享，季氏
受福無疆。

88 虢季編鐘

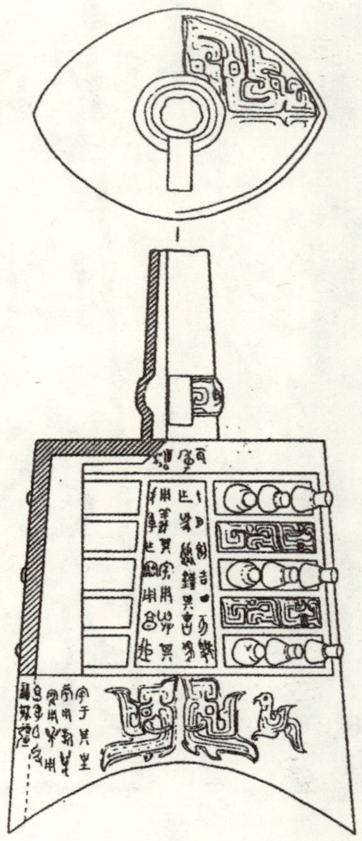

字數:51
度量:通高 55.3 釐米
時代:西周晚期
著録:《三門峽虢國墓》上册 75 頁
出土:河南三門峽市虢國墓地 M2001:48
現藏:河南三門峽市文物工作隊

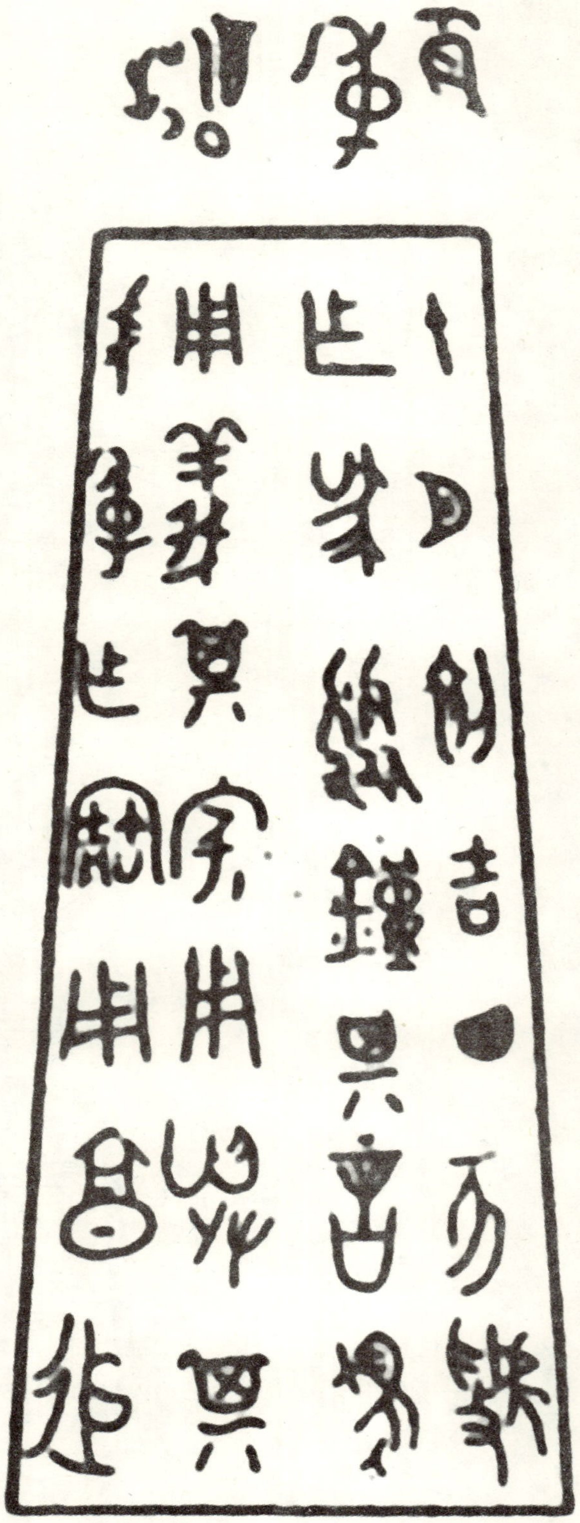

[唯]十月初吉丁亥，虢[季]作爲協鐘，其音鳴[雍]，用義其賓，用與其[邦]。虢季作寶，用享追

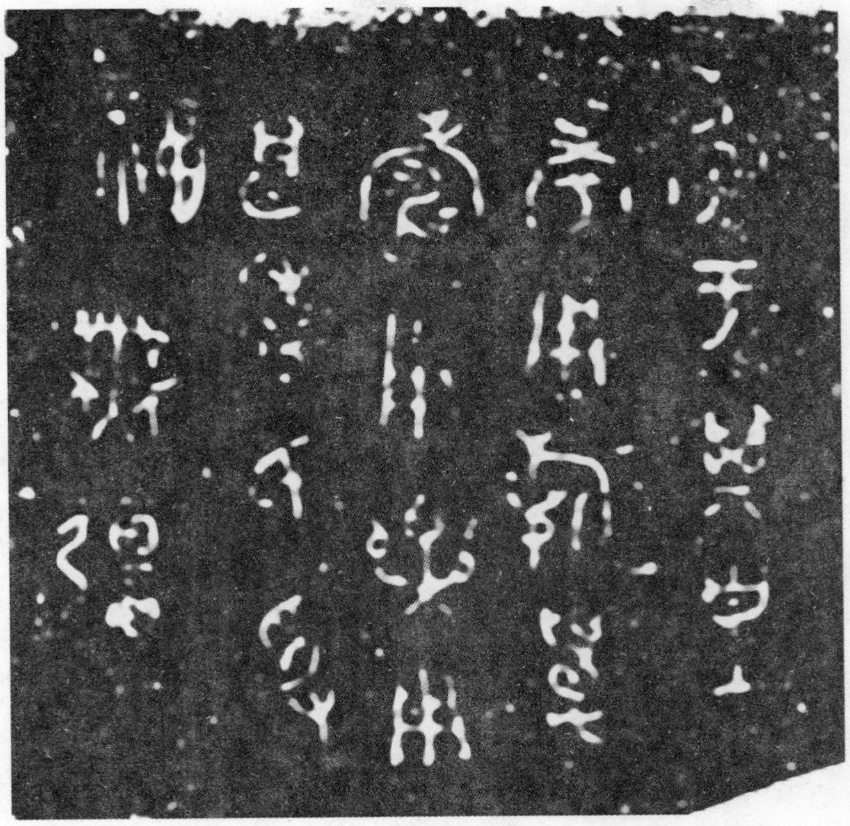

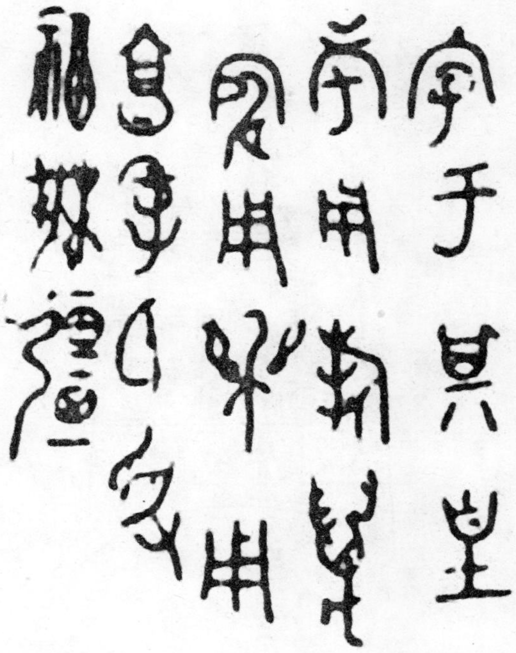

孝。于其皇考，用祈萬壽。用樂用享，季氏受福無疆。

89 虢季編鐘

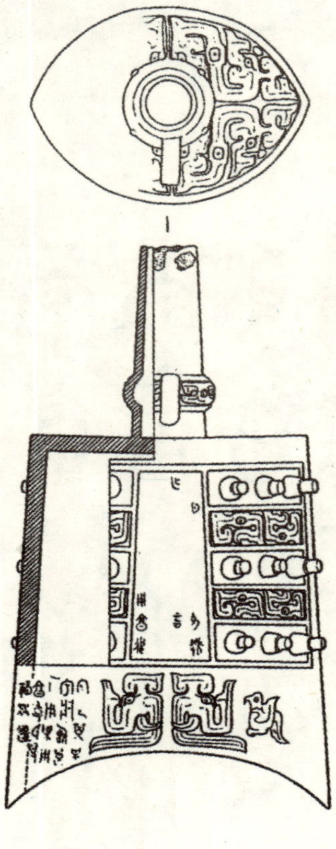

字數:51
度量:通高 50 釐米
時代:西周晚期
著録:《三門峽虢國墓》上册 76 頁
出土:河南三門峽市虢國墓地 M2001:44
現藏:河南三門峽市文物工作隊

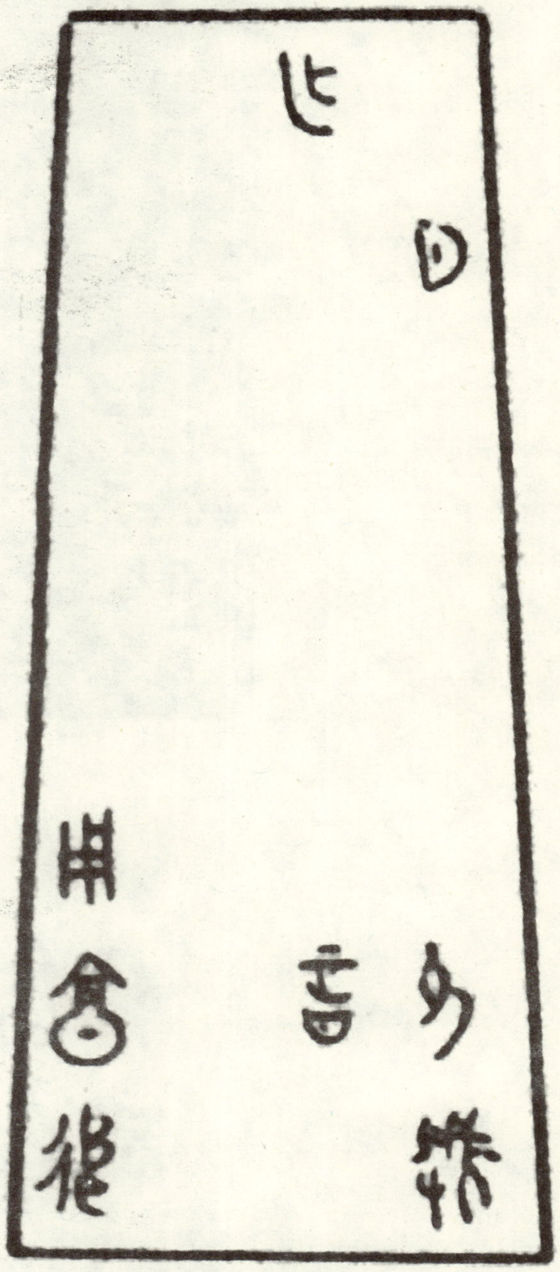

唯十月初吉丁亥，虢季作爲協鐘，其音鳴雍，用義其賓，用與其邦。虢季作寶，用享追

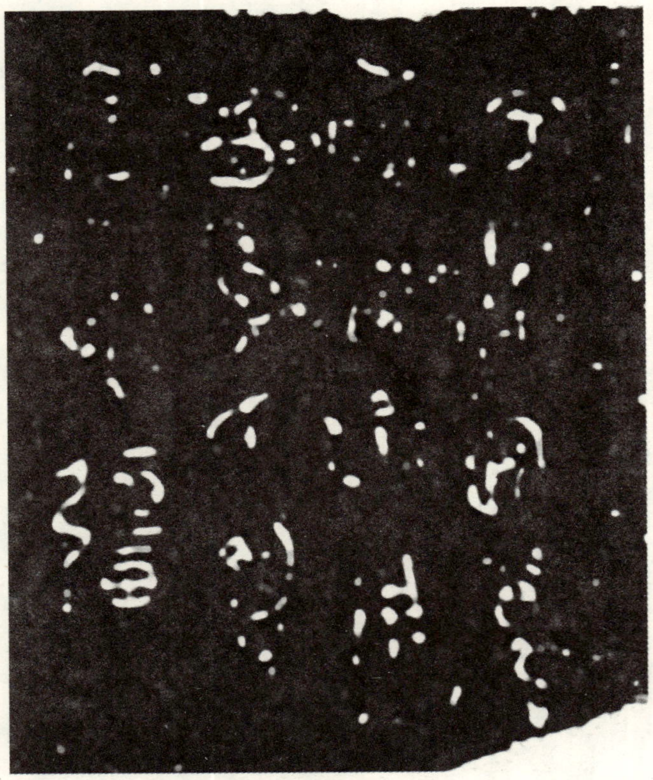

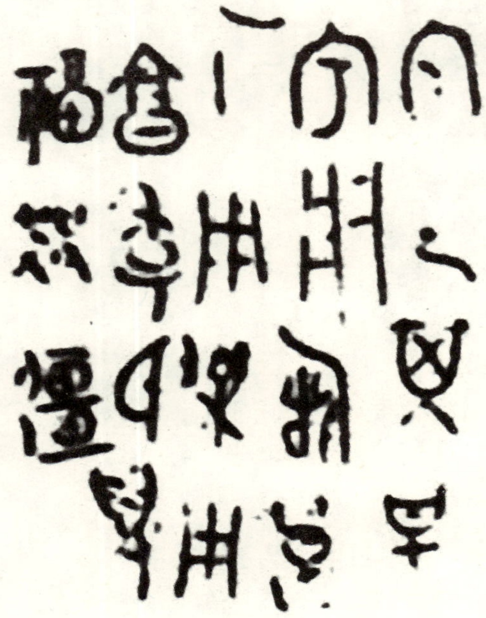

孝。于其皇考，用祈萬壽。用樂用享，季氏受福無疆。

90 虢季編鐘

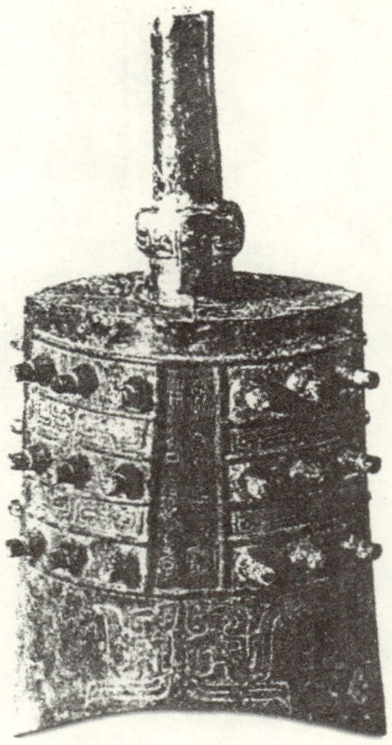

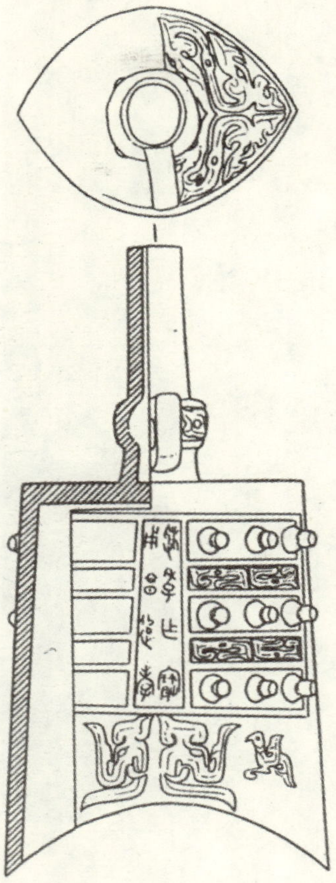

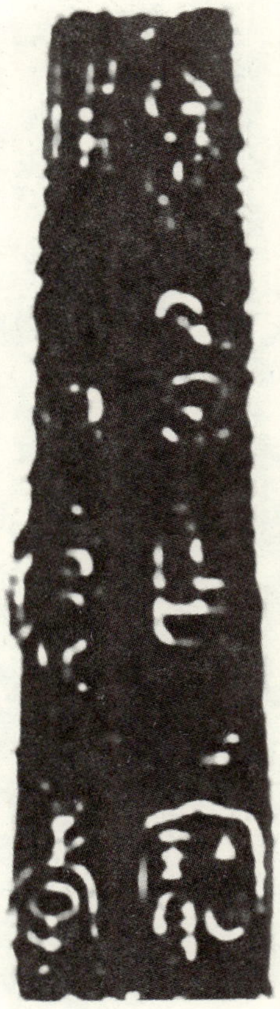

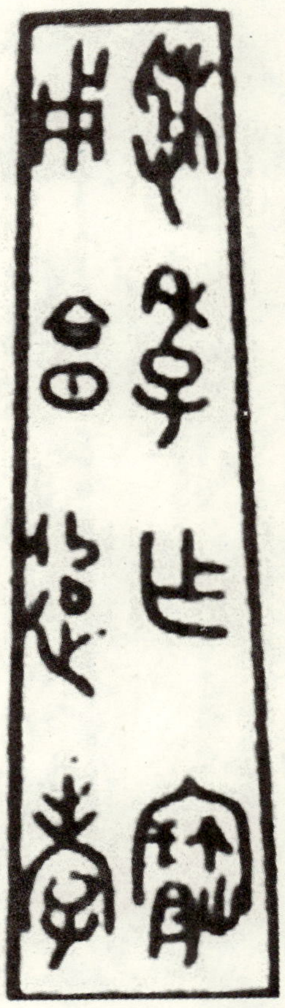

虢季作寶，
用享追孝。

字數:8
度量:通高 37.6 釐米
時代:西周晚期
著録:《三門峽虢國墓》上册 77 頁
出土:河南三門峽市虢國墓地 M2001:50
現藏:河南三門峽市文物工作隊

91 虢季編鐘

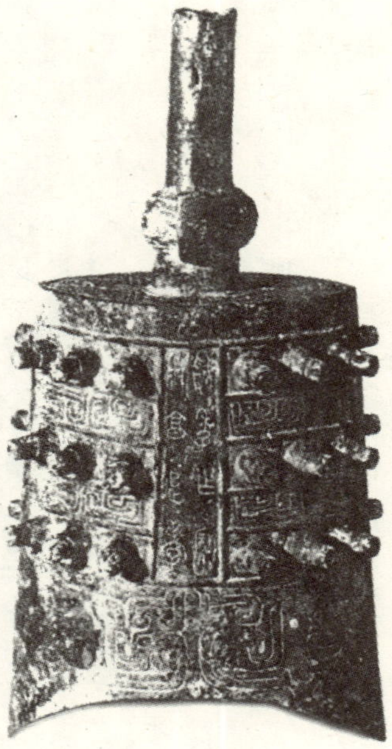

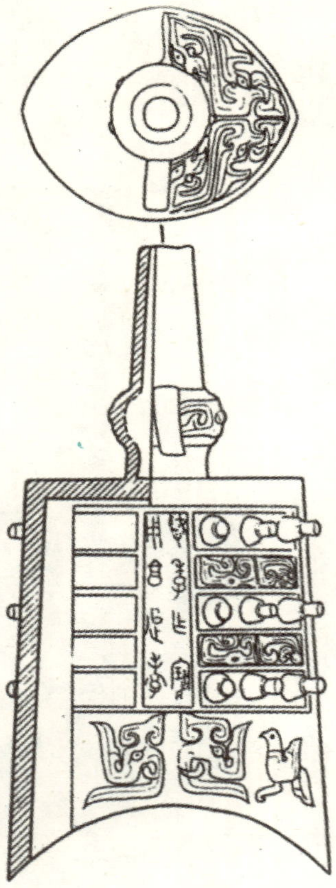

虢季作寶，
用享追孝。

字數：8
度量：通高 33.2 釐米
時代：西周晚期
著録：《三門峽虢國墓》上册 78 頁
出土：河南三門峽市虢國墓地 M2001：51
現藏：河南三門峽市文物工作隊

92 虢季編鐘

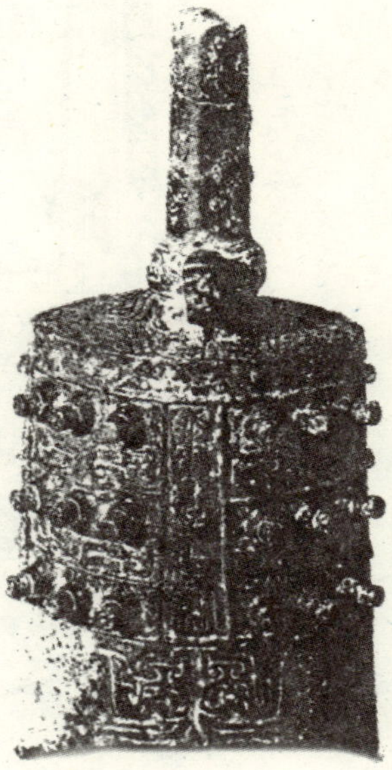

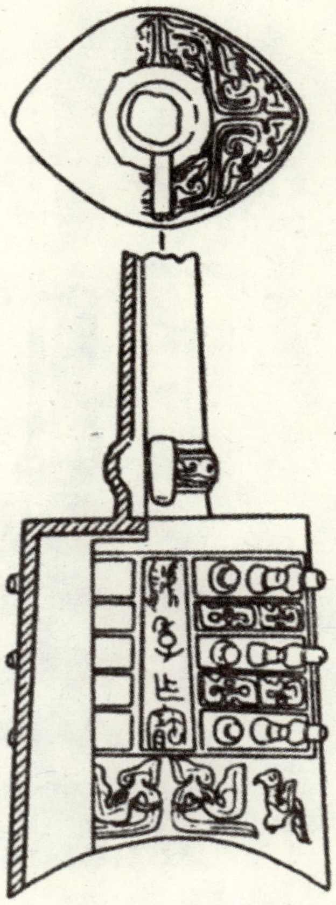

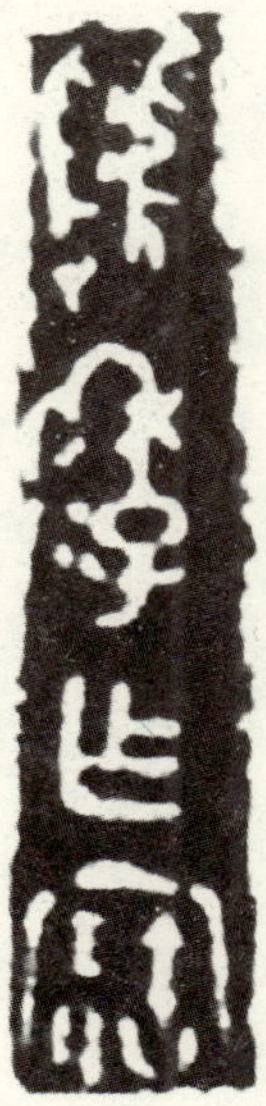

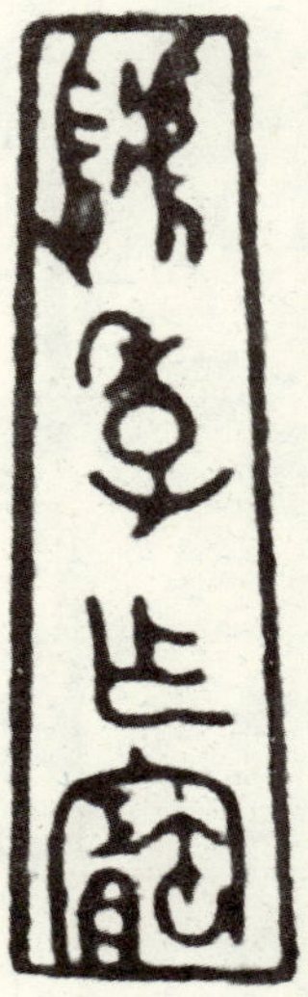

虢季作寶。

字數:4
度量:通高 23.8 釐米
時代:西周晚期
著録:《三門峽虢國墓》上册 78 頁
出土:河南三門峽市虢國墓地 M2001:46
現藏:河南三門峽市文物工作隊

93 虢季編鐘

虢季作寶。

字數:4
度量:通高 22.4 釐米
時代:西周晚期
著録:《三門峽虢國墓》上册 78 頁
出土:河南三門峽市虢國墓地 M2001:47
現藏:河南三門峽市文物工作隊

遷邟編鎛

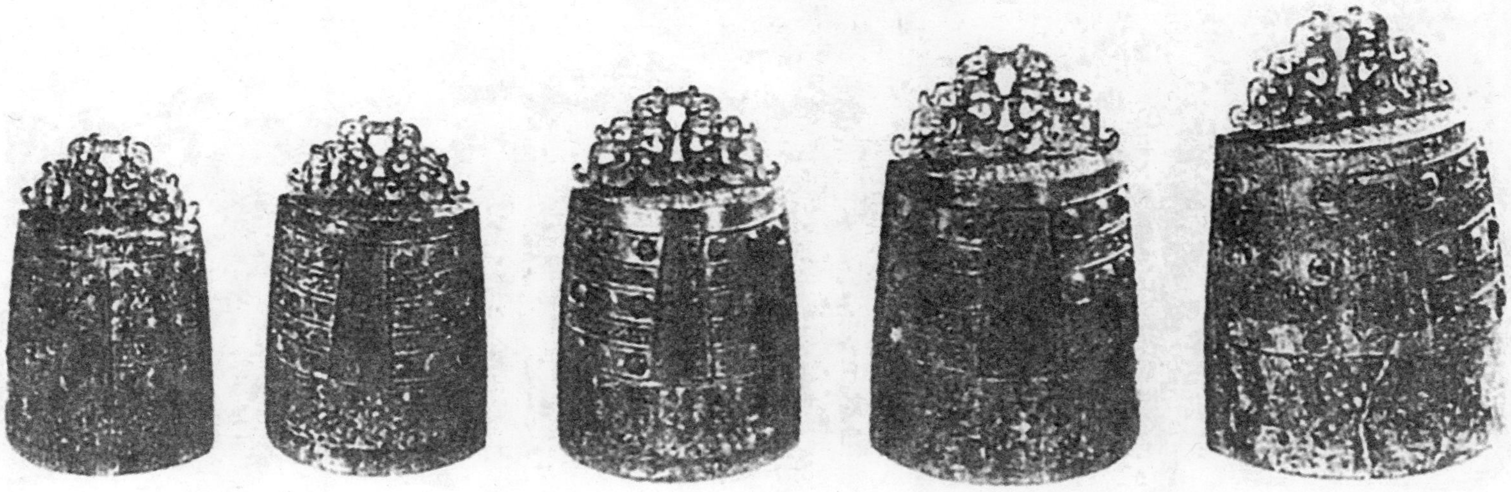

遷邟編鎛尺寸重量測音表

長度單位:釐米
重量單位:克

序號	編號	通高	鈕高	舞修	舞廣	銑間	鼓間	壁厚	重量	正鼓音	音分	側鼓音	音分	銘文	備　注
1	M: 74	31. 8	7. 7	18. 4	15. 4	23. 2	17. 7	0. 9	5267					72	
2	M: 72	29. 7	7. 7	16. 7	13. 5	19. 4	16. 4	0. 7	5295					71	銘文中缺“我”
3	M: 75	27. 2	6. 7	14. 7	11. 1	17. 1	13. 6	0. 7	3599	#G4	－5	A4	＋38	72	
4	M: 73	23. 9	5. 7	13. 9	10. 6	15. 6	12. 7	0. 7	3115	#A4	－20	#C5	－3	71	銘文中缺“龢”
5	M: 76	23. 3	5. 6	12. 6	9. 9	14. 7	11. 5	0. 6	2822					72	

94 湛邟編鎛

唯王正月初吉丁亥，徐王之孫
尋楚㝬之子
湛邟擇厥吉
金，作鑄龢
鐘，以享于我先祖。
余鏞鏐是擇，允
唯
吉金，作鑄龢
鐘。我以夏以
南，
中鳴媞好。我以樂我心，它巳=，子=孫=，永保用之。

字數：68（又重文 4）
時代：春秋前期
著録：《東南文化》1988 年 3、4 期 25—27 頁
出土：1984 年 5 月江蘇丹徒縣北山頂墓葬 M：75
現藏：江蘇省丹徒考古隊
備注：此套編鎛同出共五枚（M72—76），銘文基本相同，行款略異，此爲第三枚

唯王正月初吉丁亥，徐王之孫尋楚鈇之子湛邟擇厥吉金，作鑄龢

鐘，以享于我先祖。
余鏞鏐是擇，允

唯
吉金，作鑄龢
鐘。我以夏以
南，
中鳴媞好。我以樂我心，它巳=，子=孫=，永保用之。

95 逽邟編鎛

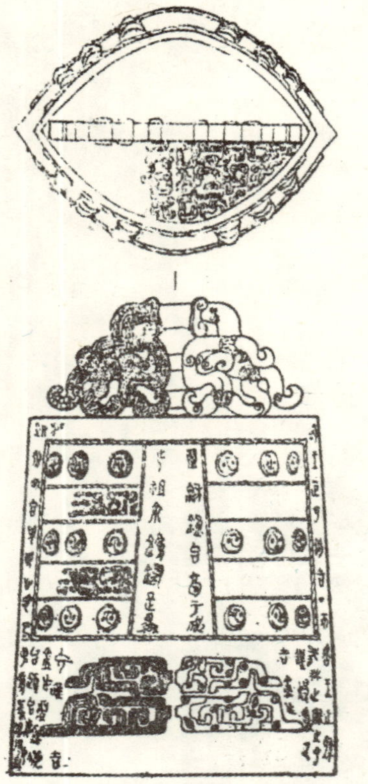

唯王正月初吉丁亥，徐王之孫尋楚㝬之子逽邟擇厥吉金，作鑄龢鐘，以享于我先祖。余鏞鏐是擇，允唯吉金，作鑄鐘。我以夏以南，中鳴媞好。我以樂我心，它=巳=，子=孫=，永保用之。

字數：67（又重文 4）
時代：春秋前期
著録：《東南文化》1988 年 3、4 期 25—27 頁
出土：1984 年 5 月江蘇丹徒縣北山頂墓葬 M：73
現藏：江蘇省丹徒考古隊
備注：此爲第四枚

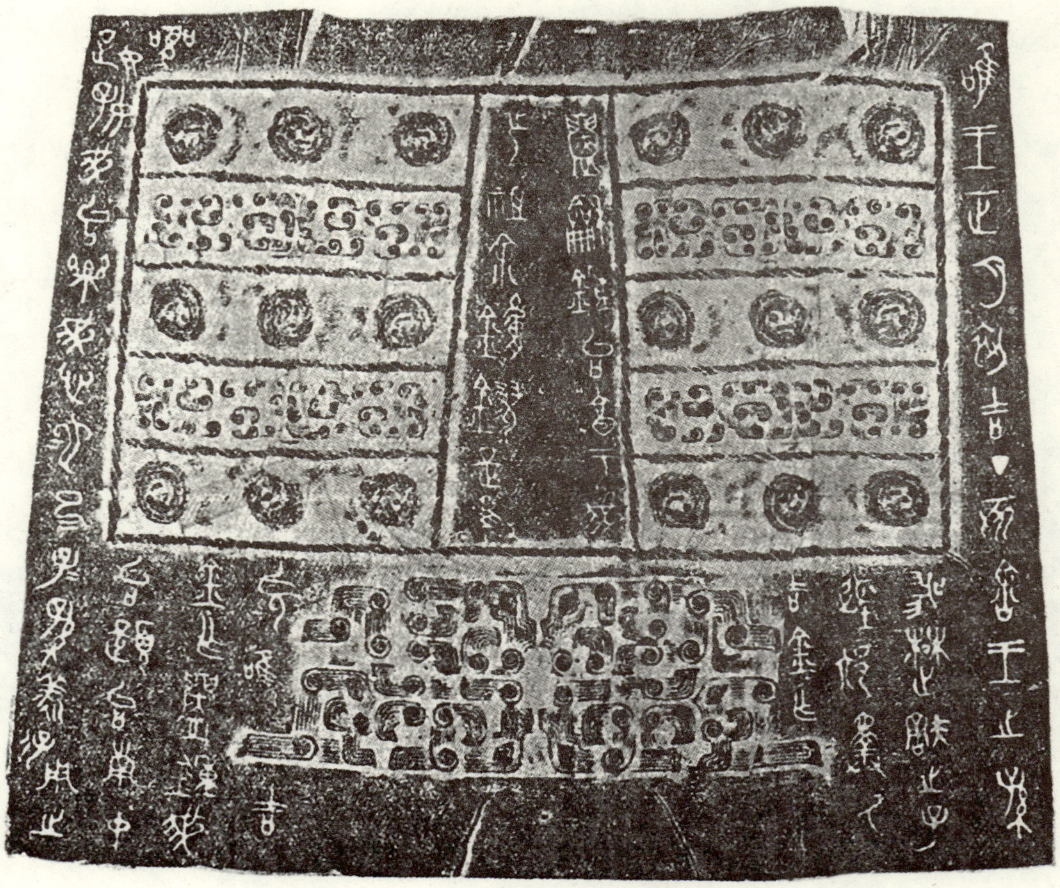

唯王正月初吉丁亥，徐王之孫
尋楚⿰害夫之子
⿺辶甚邲擇厥
吉金，作
鑄龢鐘，以享于我
先祖。余鏞鏐是擇，
允唯吉
金，作鑄鐘。我
以夏以南，中
鳴
媞好。我以樂我心，它巳=，子=孫=，永保用之。

邿編鎛

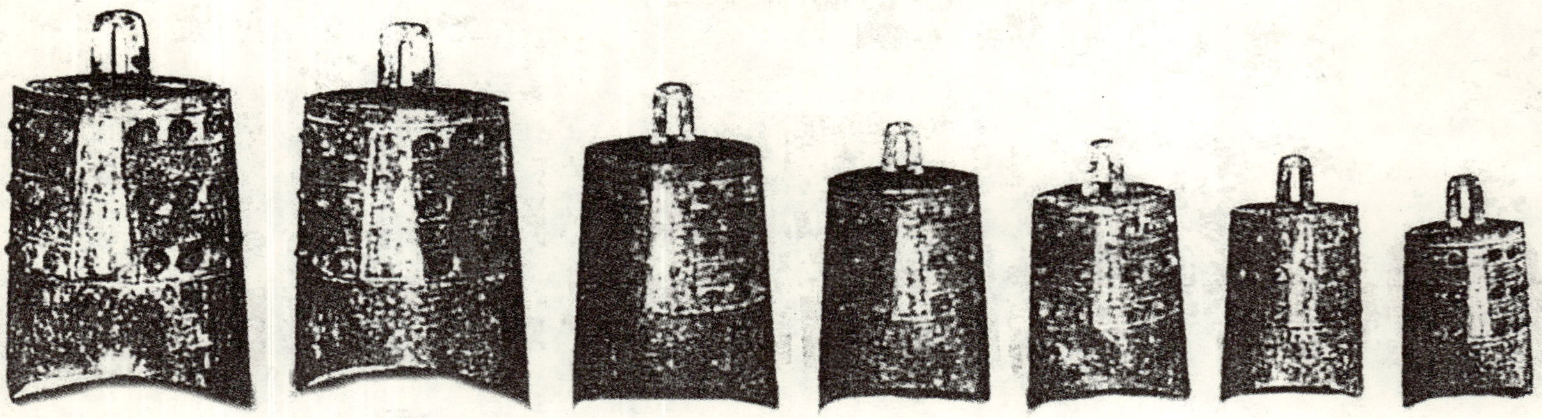

邿編鎛尺寸重量測音表

長度單位:釐米
重量單位:克

序號	編號	通高	鈕高	舞修	舞廣	銑間	鼓間	壁厚	重量	正鼓音	音分	側鼓音	音分	銘文	備　注
1	M: 70	25. 0	4. 7	12. 7	10. 1	14. 8	11. 7	0. 5	3595	#C5	－16	F5	－25	71	銘文中缺“余”
2	M: 65	23. 8	4. 5	12. 0	9. 3	14. 1	11. 1	0. 7	2742	#D5	－36	#F5	＋4	70	銘文中缺“丁”“孫”
3	M: 67	20. 4	3. 8	10. 3	7. 9	12. 3	9. 6	0. 6	1981	#G5	－10	C6	－32	72	
4	M: 66	17. 4	3. 7	8. 9	6. 6	10. 4	8. 0	0. 6	1310	#D6	－18	#F6	＋9	71	銘文中缺“楚”
5	M: 69	16. 9	3. 4	8. 4	6. 3	9. 7	7. 6	1. 1	1478	A6	－1	#C7	－37	71	銘文中缺“鳴”
6	M: 71	15. 5	3. 3	7. 7	5. 8	8. 5	6. 6	0. 6	1160	#A6	＋35	D7	＋48	72	
7	M: 68	14. 5	3. 2	7. 3	5. 4	8. 0	6. 4	1. 0	1097	E7	－10	A7	－12	38	“先祖”以下缺

96 遷邟編鐘

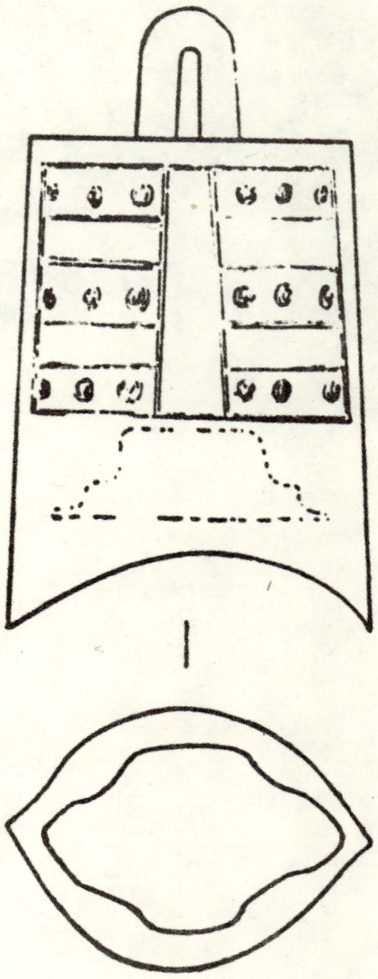

字數:68(又重文4)
時代:春秋前期
著録:《東南文化》1988年3、4期27—30頁
出土:1984年5月江蘇丹徒縣北山頂墓葬 M:67
現藏:江蘇省丹徒考古隊
備注:此套編鐘同出共七枚(M:65—71),銘文相同,行款略異。此爲第三枚

唯王正月初吉丁亥，徐王之孫尋
楚猷之子湛
邟擇厥吉金，
作鑄龢
鐘，以享于我先祖。余
鏞鏐是擇，允唯
吉金，作鑄
龢鐘。我以夏
以南，中鳴媞好。
我以樂我心，它=巳=，子=孫=，永保用之。

97 楚公逆編鐘

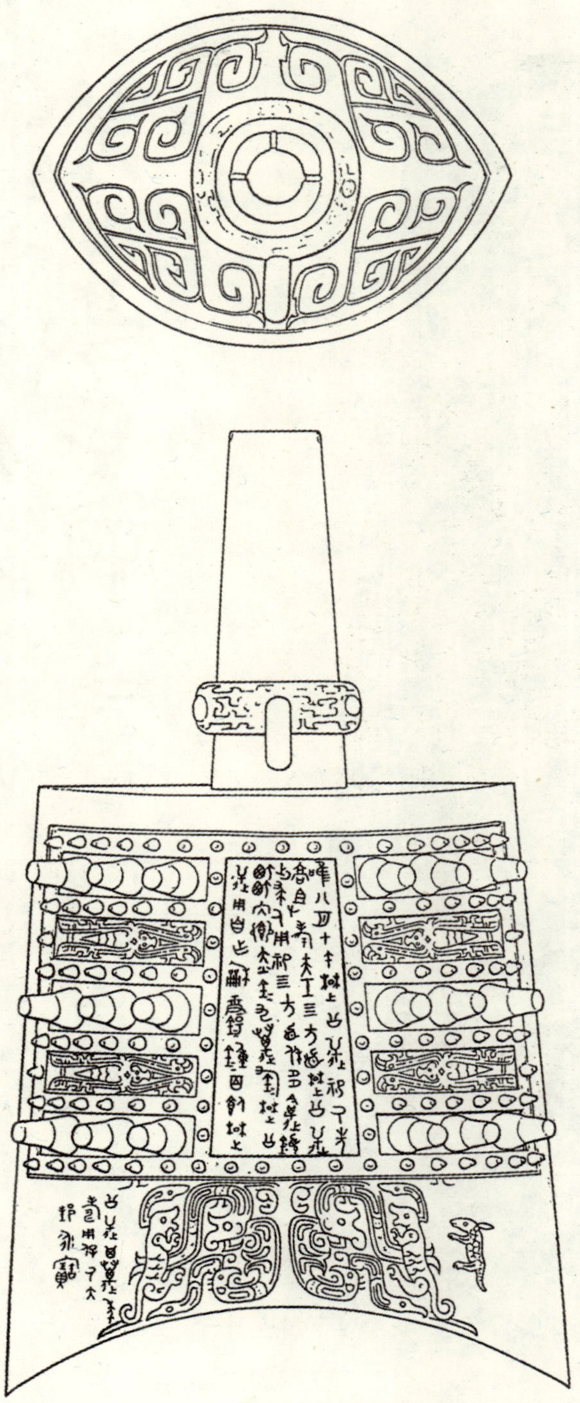

字數:68
度量:通高 51 釐米
時代:西周晚期
著録:《文物》1994 年 8 期 5—20 頁,《考古》1995 年 2 期 170—178 頁
出土:1993 年 9 月 11 日山西曲沃縣曲村鎮北趙村天馬—曲村遺址 M64:93
現藏:山西省考古研究所
備注:該組編鐘共八枚,同銘,資料僅公布一枚。又,本器的釋文、拓本、摹本均由黄錫全先生提供

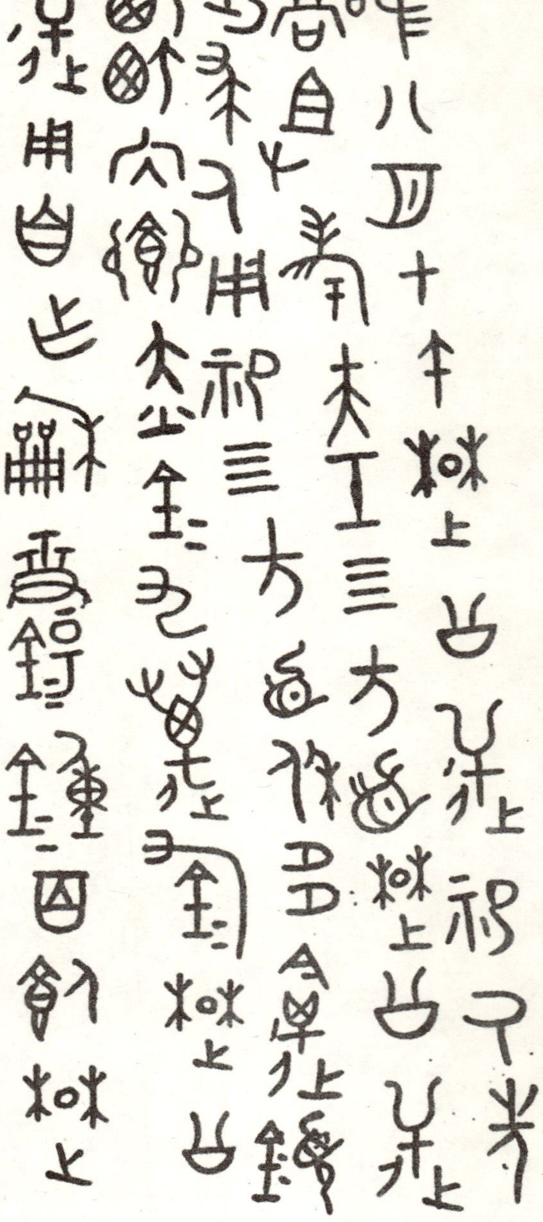

唯八月甲午，楚公逆祀厥先
高祖考，敷任四方首。楚公逆
出，求厥用祀。四方首休多勤欽
融，入享赤金九萬鈞。楚公
逆用自作龢齊錫鐘百肆。楚

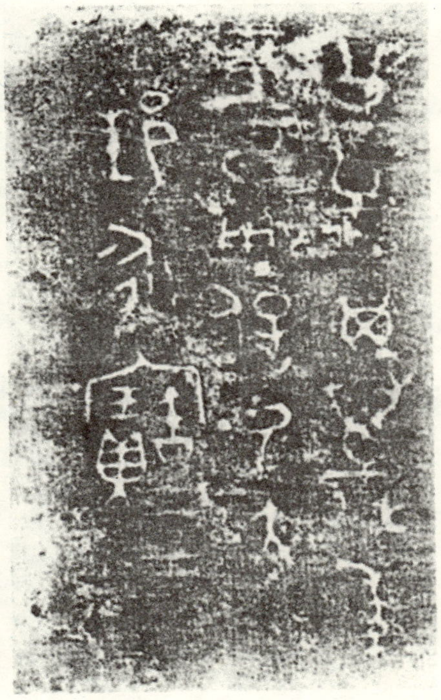

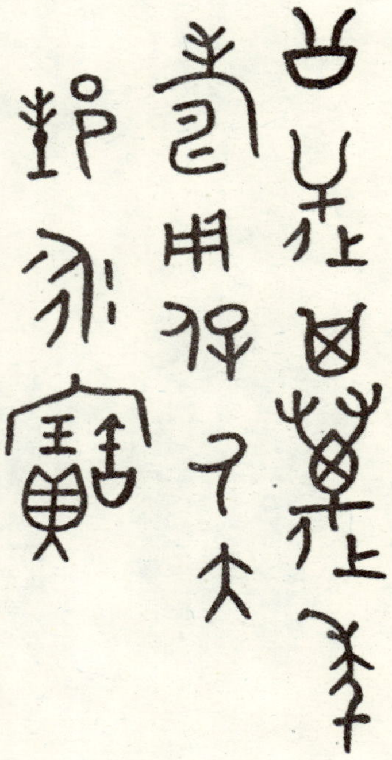

公逆其萬年壽，用保厥大邦。永寶。

⿰墨攵編鎛

𨱔編鎛各部位尺寸、重量登記表

器號		M10:73	M10:74	M10:75	M10:76	M10:77	M10:78	M10:79	M10:80
各部位尺寸（釐米）	通高	26.45	25.35	23.62	22.6	20.4	20.2	18.75	17.95
	身高	19.26	18.2	17.9	17.1	15.8	15.55	14.50	13.95
	鈕高	7.2	7.1	6.19	5.6	4.43	4.0	4.1	4.0
	鈕頂寬	2.3	2.2	2.1	1.9	1.5	1.5	1.25	1.2
	鈕底寬	12.85	13	12.3	12.0	8.9	8.85	7.8	7.5
	鈕厚	0.74	0.6	0.5	0.4	0.55	0.55	0.45	0.35
	舞修	14.3	13.6	13.2	12.3	11.87	11.0	10.3	9.4
	舞廣	10.4	10.3	9.8	9.0	8.65	8.1	7.6	6.95
	舞厚	0.33	0.20	0.33	0.25	0.40		0.22	0.30
	鉦高	10.1	9.1	10.0	9.2	9.0	8.35	7.5	7.55
	鉦上厚		0.30	0.40	0.35	0.30	0.38		0.45
	鉦下厚		0.34	0.34	0.40	0.30	0.27		0.20
	鼓高	9.16	9.1	7.9	7.9	6.8	7.2	7.0	6.4
	鼓厚	0.41	0.53	0.6	0.33	0.7	0.30	0.35	0.78
	銑間	16.03	15.0	14.47	13.65	13.04	12.35	11.55	10.64
	隧間	12.3	11.5	11.1	10.3	9.6	9.25	8.65	8.43
	隧部厚	0.26	0.45	0.52	0.35	0.43	0.50	0.31	0.6
	枚高	0.6	0.6	0.5	0.5	0.4		0.5	0.5
	攡高	9.5	7.5	7.7	6.15	6.15	5.6	5.3	5.8
	攡寬	4.5	3.0	3.0	2.55	2.6	2.2	2.3	2.25
重量（千克）		2.25	2.20	2.195	1.8	1.54	1.47	1.23	1.23

98 𪓐編鎛

𪓐擇吉金，鑄其反
鐘。音贏少哉揚，龢
平均皇，靈印若華，比
者囂聖，至者長吁。
會平倉=，歌
樂以喜。凡
及君子、父
兄，永保鼓
之，眉壽無疆。余呂王
之孫，楚成王之盟僕
子之藝。
余不忒在
天之下，余
臣兒難得。

字數：76（又重文1）
度量：通高26.4釐米，重2.25千克
時代：春秋後期
著録：《淅川下寺春秋楚墓》259—260頁
出土：1990年河南淅川縣下寺 M10：73
現藏：河南省文物考古研究所

[illegible]擇吉金，鑄其反
者囂聖，至者長吁。
會平倉=，歌
樂以喜。凡
及君子、父
兄，永保鼓
之，眉壽無疆。余呂王

鐘。音贏少戠揚，龢
之孫，楚成王之盟僕
　　子之藝。
余不忒在
天之下，余
　　臣兒難得。
平均皇，靈印若華，比

99　⿰墨敢編鎛

⿰墨敢擇吉金，鑄其反
鐘。音贏少戠揚，龢
平均皇，靈印若華，比
者囂聖，至者長吁。
會平倉〓，歌
樂以喜。凡
及君子、父
兄，永保鼓
之，眉壽無疆。余呂王
之孫，楚成王之盟僕
男子之藝。
余不忒在
天之下，余
臣兒難得。

字數：77（又重文1）
度量：通高25.4釐米，重2.2千克
時代：春秋後期
著録：《淅川下寺春秋楚墓》259—260頁
出土：1990年河南淅川縣下寺M10：74
現藏：河南省文物考古研究所

黽攵擇吉金，鑄其反

者囂聖，至者長吁。

會平倉〓，歌

樂以喜。凡

及君子、父

兄，永保鼓

之，眉壽無疆。余呂王

鐘。音贏少戠揚，龢
之孫，楚成王之盟僕
男子之藝。
余不忒在
天之下，余
臣兒難得。
平均皇，靈印若華，比

100 ⿰墨敢編鎛

⿰墨敢擇吉金，鑄其反鐘。其音贏少則揚，龢平均皇，靈印若華，比者囂聖，至者長吁。會平倉=，歌樂自喜。凡及君子、父兄，千歲鼓之，眉壽無疆。⿰墨敢，余呂王之孫，楚成王之盟僕男子之藝。余不忒在天之下，余臣兒難得。

字數:79(又重文 1)
度量:通高 23.6 釐米,重 2.19 千克
時代:春秋後期
著録:《淅川下寺春秋楚墓》263—264 頁
出土:1990 年河南淅川縣下寺 M10:75
現藏:河南省文物考古研究所

藝。余不忒在
天之下，余
臣兒難得。

⿰黽攵擇吉金，鑄
其反鐘。其音
贏少則揚，龢

平均皇，靈
印若華，比
者囂聖，至者

長吁。會平倉=，
歌樂自喜。
凡及君子、
父兄，千歲
鼓之，眉壽
無疆。[illegible]，余
呂王之孫，
楚成王之
盟僕男子之

101 ⿰墨敢編鎛

⿰墨敢擇吉金，
鑄其反。嬴
少則揚，龢
平均皇，靈
印若華，比
者囂聖，
至者長吁。
會平倉=，歌
樂自喜。凡
及君子、父
兄，千歲
鼓之，眉

字數：45（又重文 1）
度量：通高 22.6 釐米，重 1.8 千克
時代：春秋後期
著録：《淅川下寺春秋楚墓》267—268 頁
出土：1990 年河南淅川縣下寺 M10：76
現藏：河南省文物研究所

兄，千歲
鼓之，眉

鼄擇吉金，
鑄其反。羸

少則揚，龢
平均皇，靈

印若華，比
者囂聖，

至者長吁。
會平倉=，歌

樂自喜。凡
及君子、父

102 𪒠編鎛

壽無疆。𪒠余呂王之孫，楚成之盟僕男子之藝。余不忒在天之下，余臣兒難得。

字數:30
度量:通高 20.4 釐米,重 1.54 千克
時代:春秋後期
著録:《淅川下寺春秋楚墓》259—260 頁
出土:1990 年河南淅川縣下寺 M10:77
現藏:河南省文物研究所

壽無疆。
鄦余呂
王之孫，
楚成之

盟僕男子之藝。

余不忒在天之下，余臣兒難得。

103 ⿰黑敢編鎛

⿰黑敢擇吉金，
鑄其反鐘。
其音贏
少則揚，龢
平均皇，靈
印若華，
比者囂聖，
至者長吁。
會平倉₌，
歌樂自喜。
凡及君
子、父兄，

字數：43（又重文 1）
度量：通高 20.2 釐米，重 1.47 千克
時代：春秋後期
著録：《淅川下寺春秋楚墓》271—272 頁
出土：1990 年河南淅川縣下寺 M 10：78
現藏：河南省文物考古研究所

凡及君
子、父兄，
黝擇吉金，
鑄其反鐘。
其音贏
少則揚，龢

平均皇，靈
印若華，

比者囂聖，
至者長吁。

會平倉=，
歌樂自喜。

104 黝編鎛

千歲鼓之，眉壽無疆。黝余呂王之孫，楚成王之盟僕男子之藝。余不忒在天之下，余臣兒難得。

字數:36
度量:通高 18.6 釐米,重 1.23 千克
時代:春秋後期
著録:《淅川下寺春秋楚墓》273—274 頁
出土:1990 年河南淅川縣下寺 M10:79
現藏:河南省文物研究所

余臣兒難得。千歲鼓之，眉壽無疆。⿰壴敢余呂王

之孫，楚成王之盟僕男子之藝。余不忒在天之下，

105 䵼編鎛

䵼擇吉
金，鑄其
反鐘。其
音贏少
則揚，龢
平均皇，
靈印若
華，比者
囂聖，
至者長
吁。會平
倉=，歌樂

字數:35(又重文 1)
度量:通高 17.9 釐米,重 1.23 千克
時代:春秋後期
著録:《淅川下寺春秋楚墓》275—276 頁
出土:1990 年河南川縣下寺 M10:80
現藏:河南省文物考古研究所

鄦擇吉
金，鑄其
反鐘。其
音贏少
吁。會平
倉=，歌樂

則揚，龢
平均皇，

靈印若
華，比者

囂聖，
至者長

迷編鐘

106逨編鐘

字數:117(又重文11)
度量:通高65.5釐米,重50.5千克
時代:西周晚期
著録:《文博》1987年2期17—20頁
出土:1985年8月陝西眉縣馬家鎮楊家村磚廠窖藏
現藏:陝西眉縣文化館
備注:此套編鐘同出共四枚,前三枚銘文相近

逨曰：丕顯朕皇考
克𢘉明厥心，帥用
厥先祖考政德，

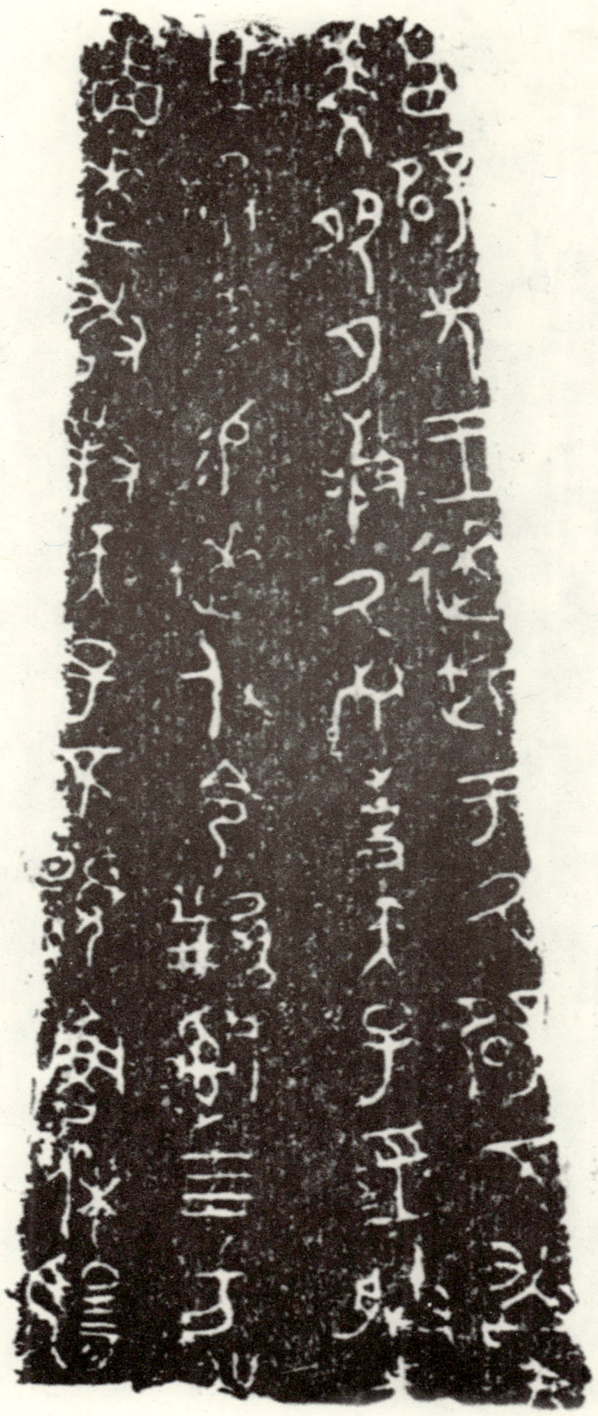

享辟先王。逨御于厥辟，不敢墜，
虔夙夕敬厥死事。天子巠朕先
祖服，多賜逨休命，䎛𤔲四方虞
𣞤。逨敢對天子丕顯魯休揚，

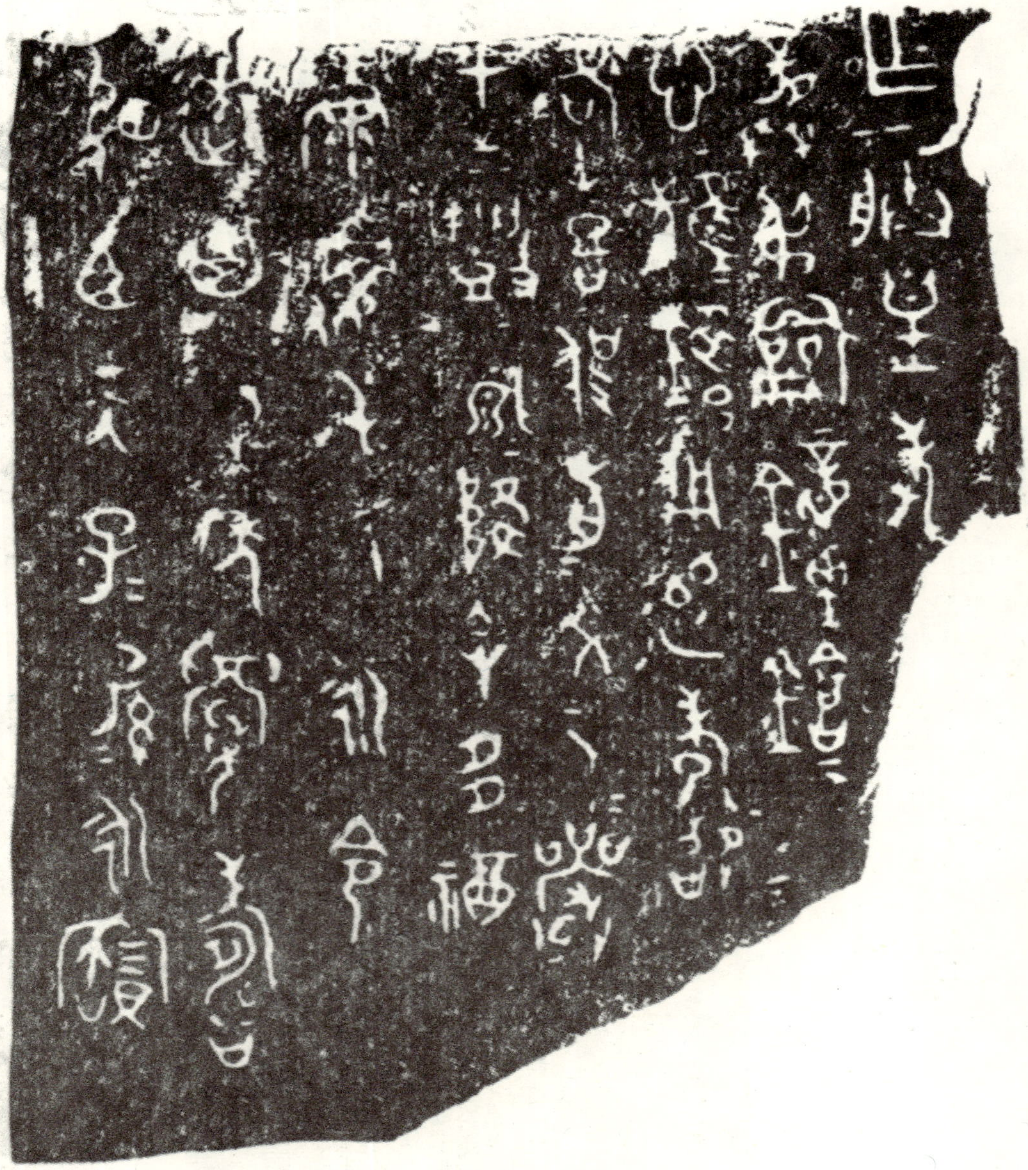

作朕皇考
龔叔龢鐘。鎗=
悤=，蜼=雍=，用追孝，卲
格喜侃前=文=人=。嚴
在上，豐=纂=，降余多福、
康𧽦、純祐、永命。
逨其萬年眉壽，
畯臣天子=，孫=永寶。

107 逨編鐘

字數:117(又重文 11)
度量:通高 65 釐米,重 44 千克
時代:西周晚期
著録:《文博》1987 年 2 期 17—20 頁
出土:1985 年 8 月陝西眉縣馬家鎮
　　　楊家村磚廠窖藏
現藏:陝西眉縣文化館

逨曰：丕顯朕皇考，克粦明厥心，帥用厥先祖考政德，享辟先王。逨御于厥辟，不敢墜，虔夙夕敬厥死

事。天子巠朕先祖服，多賜逨休
命，[illegible]嗣四方虞𣚬。逨敢對天子
丕顯魯休揚，用作朕皇考龔
叔龢鐘，鎗=悤=，雝=雍=，用追孝，卲

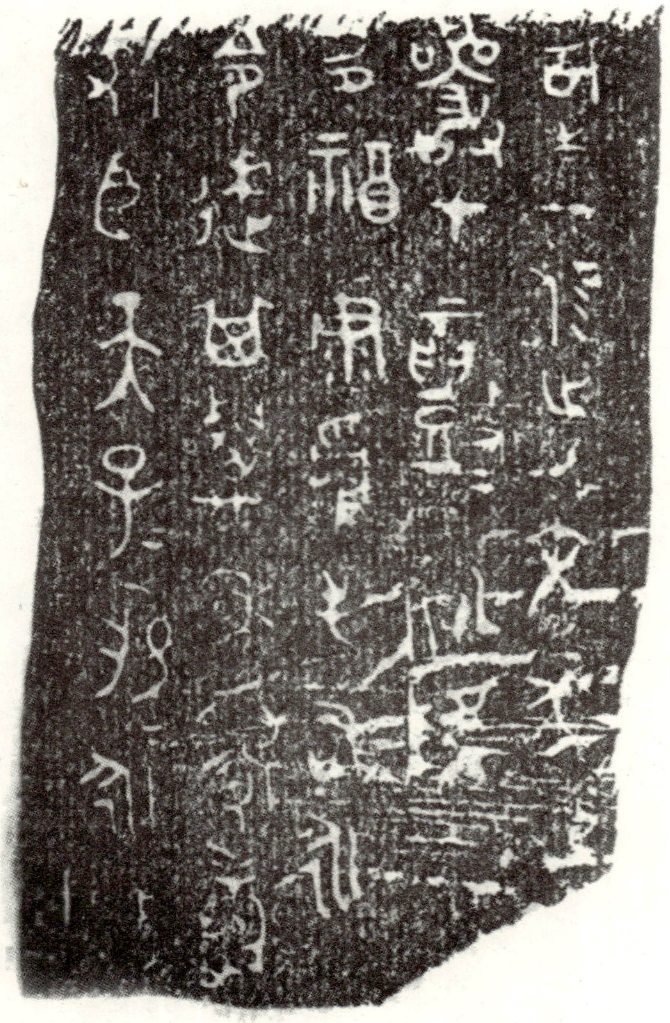

格喜侃前=文=人=。
嚴在上，𧯞=𩰢=，降
多福、康𩡧、純祐、永
命。逨其萬年眉壽，
畯臣天子=，孫=永寶。

108 逨編鐘

字數：117（又重文 11）
度量：通高 61 釐米，重 50 千克
時代：西周晚期
著録：《文博》1987 年 2 期 17—20 頁
出土：1985 年 8 月陝西眉縣馬家鎮
　　　楊家村磚廠窖藏
現藏：陝西眉縣文化館

逨曰：丕顯朕皇考，克𡙕明厥心，帥用厥先祖考政德，享辟先王。逨御

于厥辟，不敢墜，虔夙夕敬厥死事。天子巠朕先祖服，多賜逨休命，䵼嗣四方虞䕌。逨敢對天子丕顯魯休揚，用作朕皇考龔

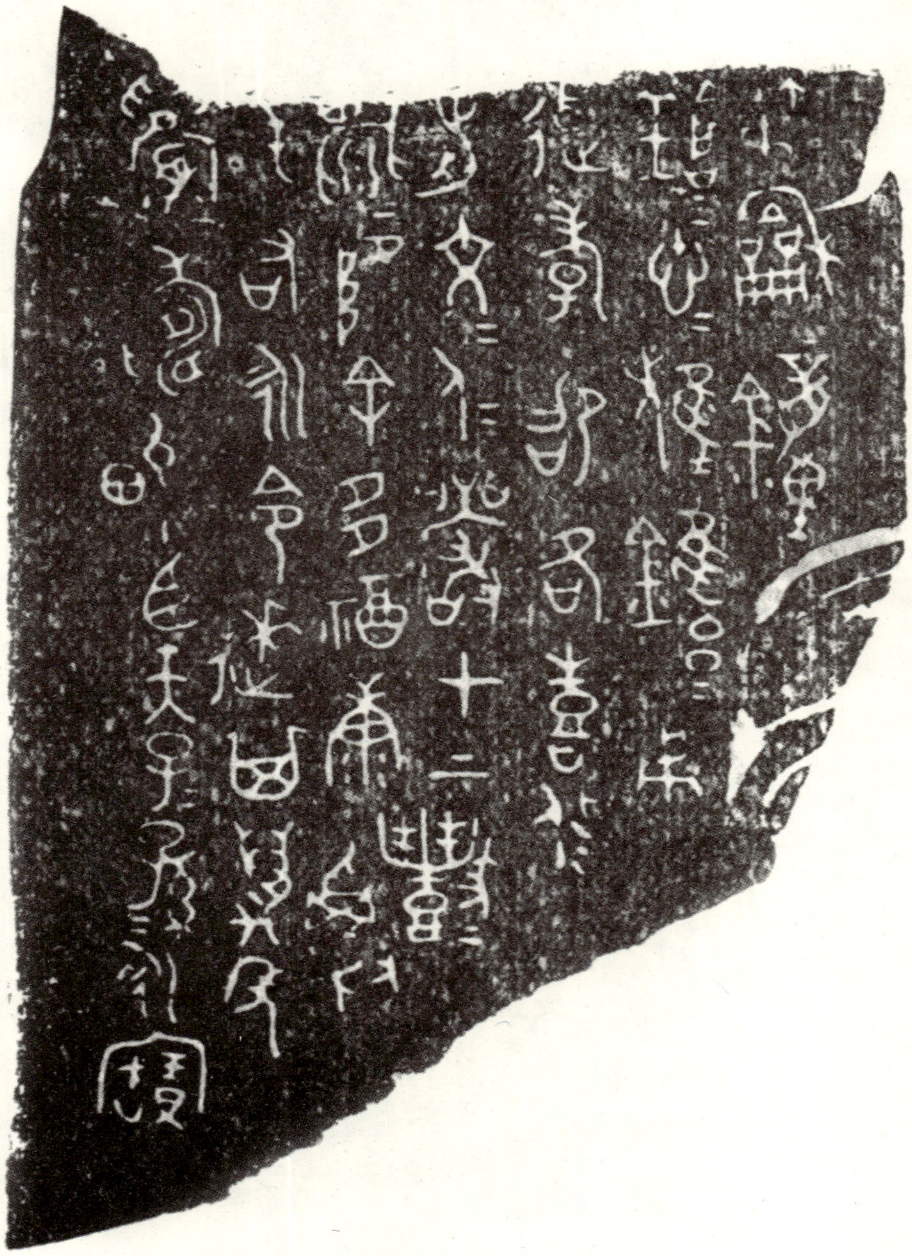

叔龢鐘，
鎗悤=，雉雍=，用
追孝，卲格喜侃
前=文=人=。嚴在上，㪍=
𥳑=，降余多福、康𧇍、
純祐、永命。逨其萬年
眉壽，畯臣天子=，孫=永寶。

109 逨編鐘

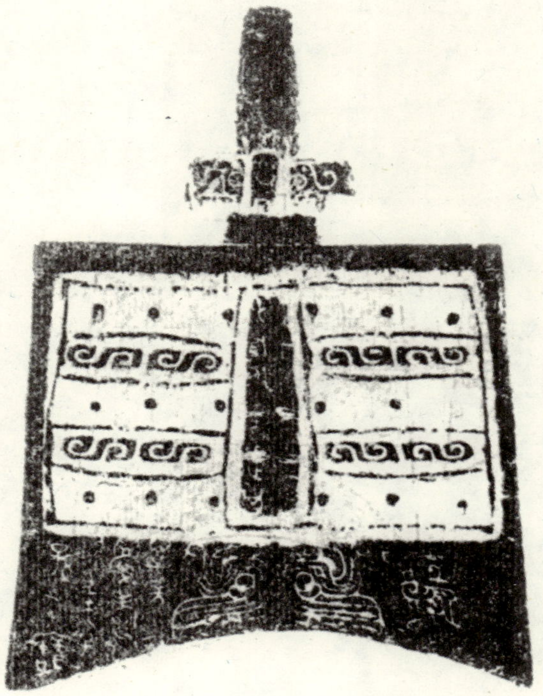

字數:17(又重文 2)
度量:通高 23 釐米,重 5 千克
時代:西周晚期
著録:《文博》1987 年 2 期 17—20 頁
出土:1985 年 8 月陜西眉縣馬家鎮
楊家村磚廠窖藏
現藏:陜西眉縣文化館

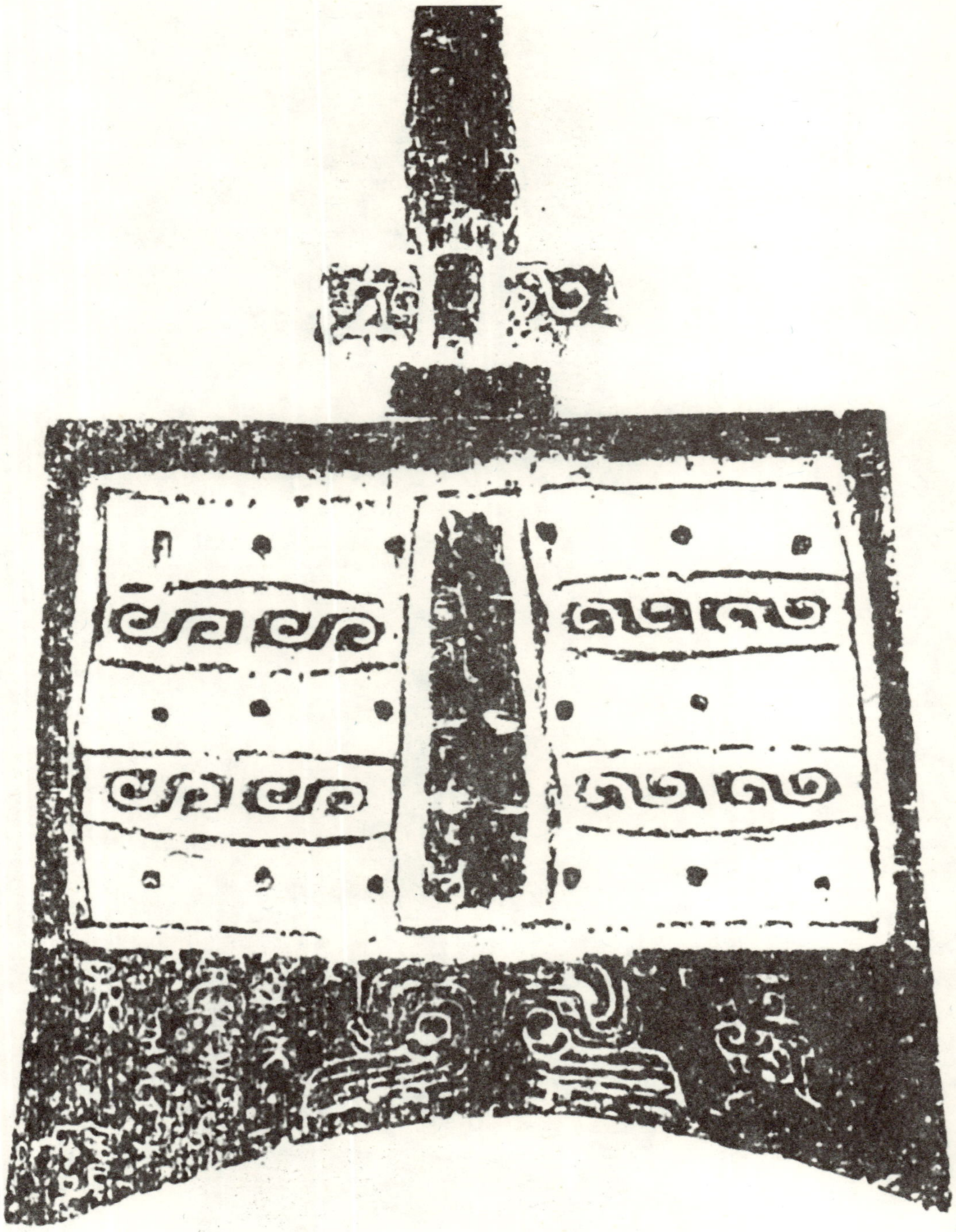

純祐、永命。逨其
萬年
眉壽，
畯臣天子=，
孫=永寶。

古鐃

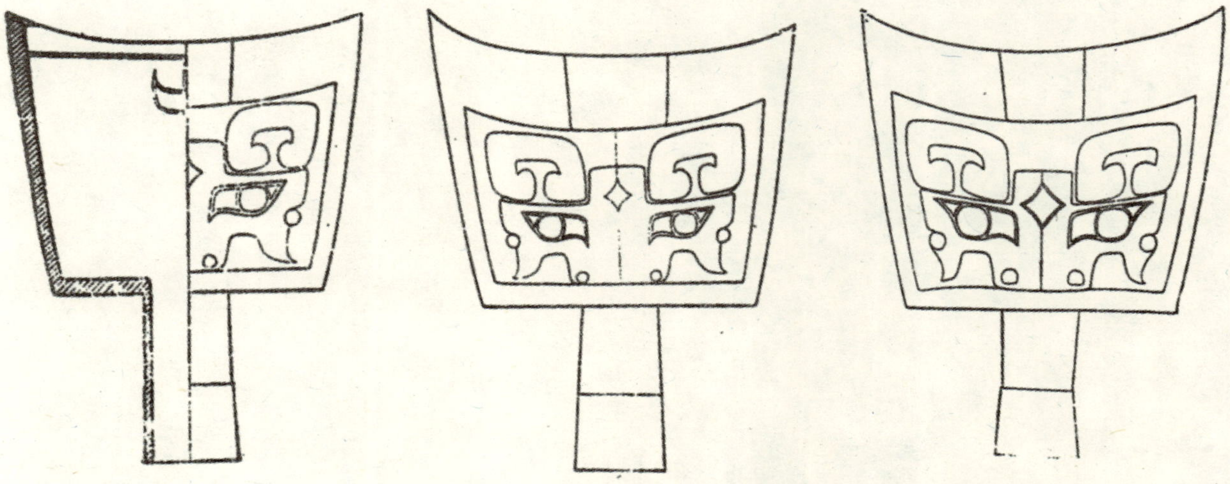

110古鐃

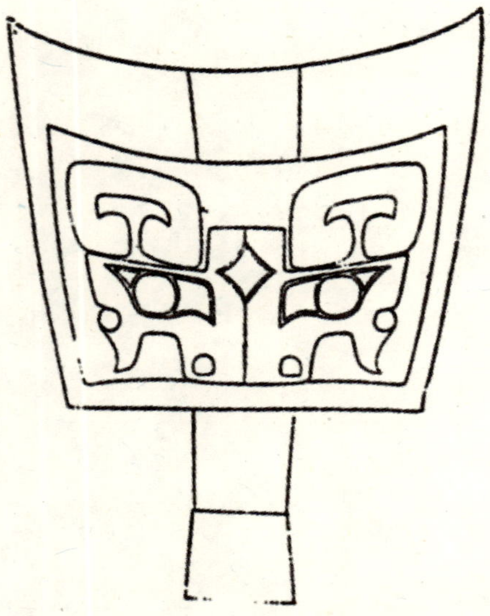

古。

字數:1

度量:三枚一套,分别爲通高 17.5 釐米,重 1.25 千克;通高 14.8 釐米,重 0.7 千克;通高 12.2 釐米,重 0.45 千克

時代:商代後期

著録:《考古》1988 年 10 期 867—868 頁

出土:1983 年 6—10 月河南安陽市大司空村墓葬

現藏:中國社會科學院考古研究所安陽工作隊

備注:此套古鐃同出共三枚,形制、花紋、銘文相同,大小相次,只公佈了其中一件的資料

爰鐃

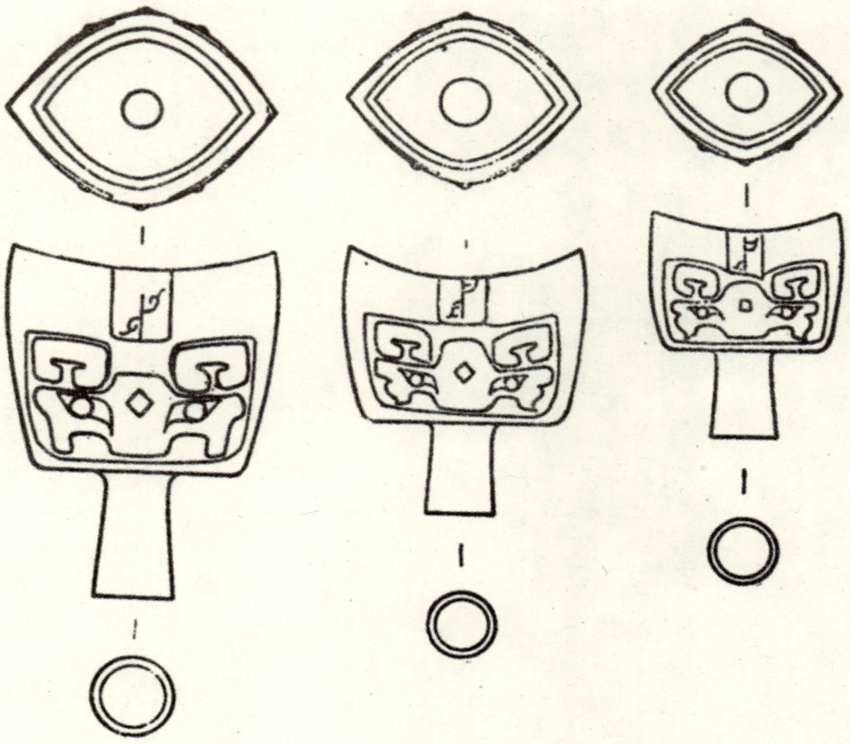

111 爰鐃

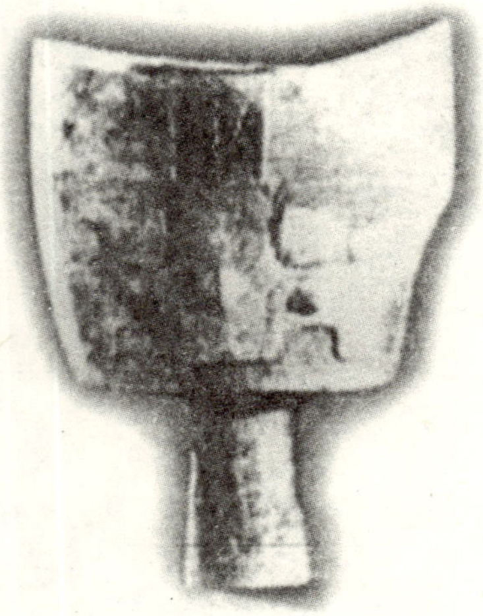

爰。

字數：1
度量：通高 18.4 釐米，重 1.1 千克
時代：商代後期
著録：《考古學報》1991 年 3 期 333—342 頁
出土：1984 年 10—11 月河南安陽市戚家莊東 269 號墓
現藏：河南安陽市文物工作隊

112爰鐃

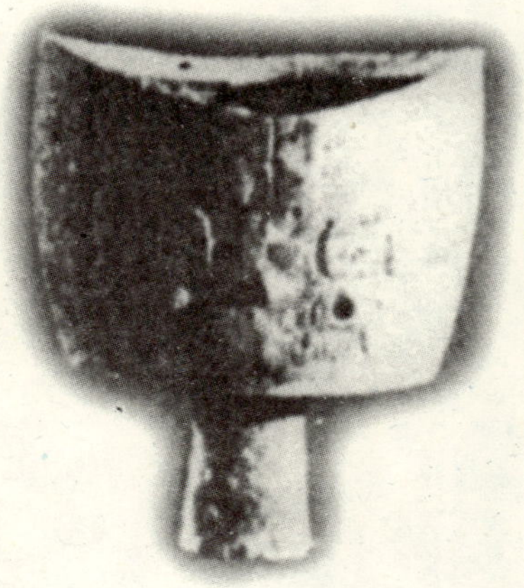

爰。

字數:1
度量:通高 13.7 釐米,重 0.75 千克
時代:商代後期
著録:《考古學報》1991 年 3 期 333—342 頁
出土:1984 年 10—11 月河南安陽市戚家莊
東 269 號墓
現藏:河南安陽市文物工作隊

113爰鐃

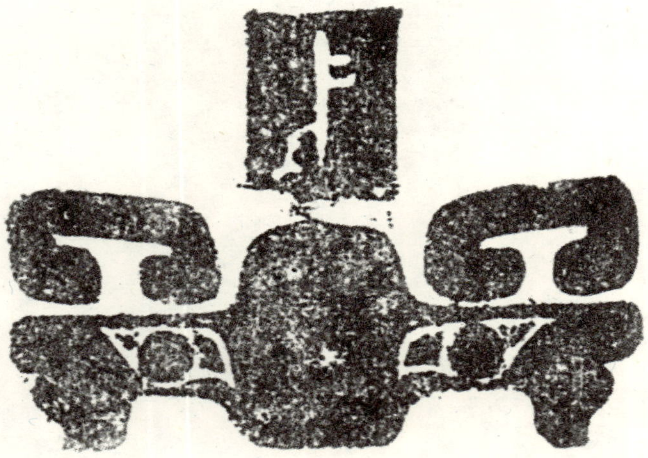

爰。

字數:1
度量:通高 11.9 釐米,重 0.55 千克
時代:商代後期
著録:《考古學報》1991 年 3 期 333—342 頁
出土:1984 年 10—11 月河南安陽市戚家莊東 269 號墓
現藏:河南安陽市文物工作隊

亞㝵止鐃

114亞𡨦止鐃

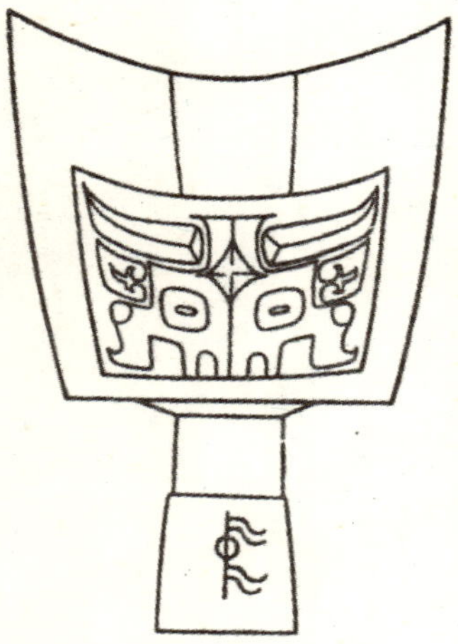

（鼓内壁）

（甬下部）

亞𡨦止。

中

字數:4
度量:通高 18.3 釐米
時代:商代後期
著録:《安陽殷墟郭家莊商代墓葬》105 頁
出土:河南安陽市殷墟郭家莊 M160:22
現藏:中國社會科學院考古研究所
備注:同出共三枚,形制、紋飾、銘文相同,大小相次

115亞𡨦止鐃

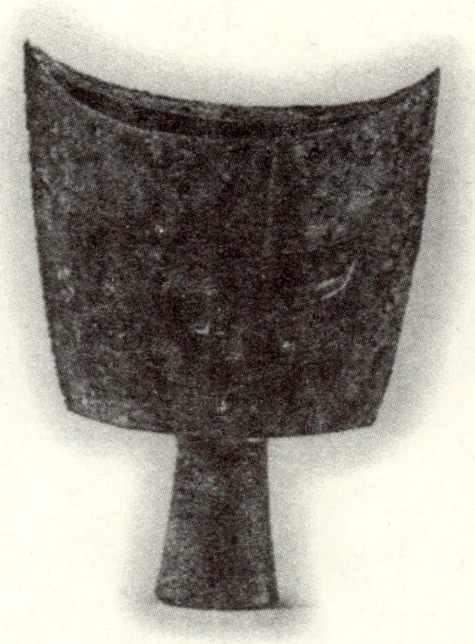
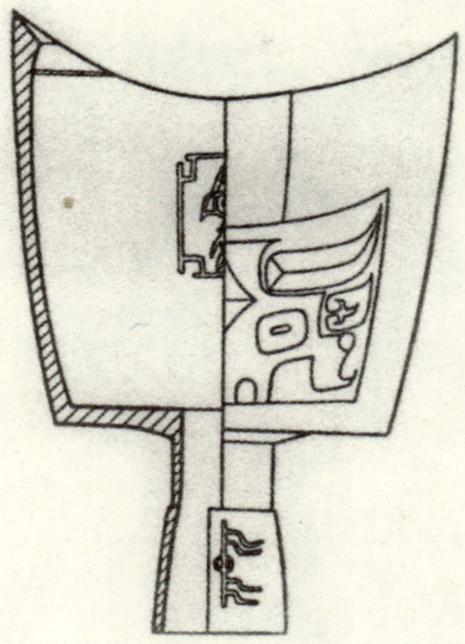

（鼓内壁）

亞𡨦止。

（甬下部）

中

字數：4
度量：通高22.3釐米
時代：商代後期
著録：《安陽殷墟郭家莊商代墓葬》105頁
出土：河南安陽市殷墟郭家莊M160：23
現藏：中國社會科學院考古研究所

116亞𡨦止鐃

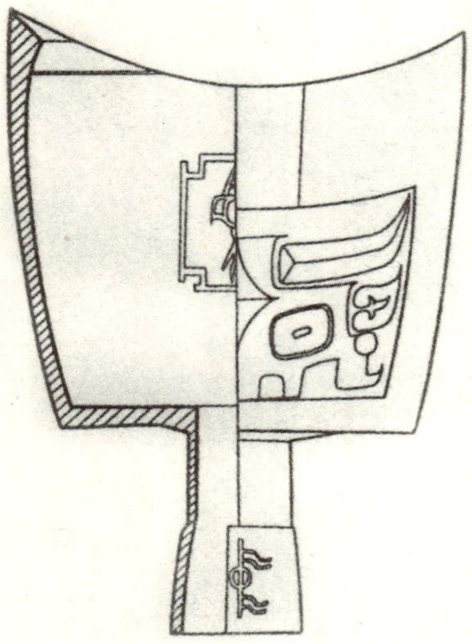

（鼓内壁）

（甬下部）

亞𡨦止。

中

字數:4
度量:通高 25 釐米
時代:商代後期
著録:《安陽殷墟郭家莊商代墓葬》105 頁
出土:河南安陽市殷墟郭家莊 M160:41
現藏:中國社會科學院考古研究所

117鄬子伯鐸

字數:6
度量:通高 11.3 釐米,重 0.2 千克
時代:春秋後期
著録:《中原文物》1997 年 4 期 12—13 頁
出土:1993 年 11 月—1994 年 2 月河南
　　桐柏縣月河鎮左莊村
現藏:河南南陽市文物研究所

郳子伯

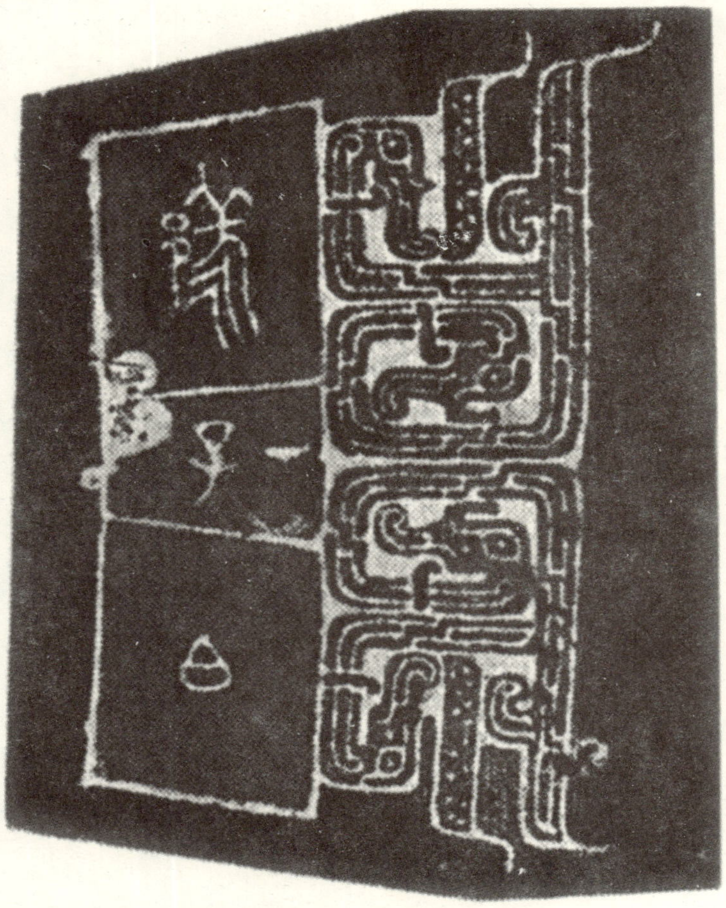

（正）

受之鐸。

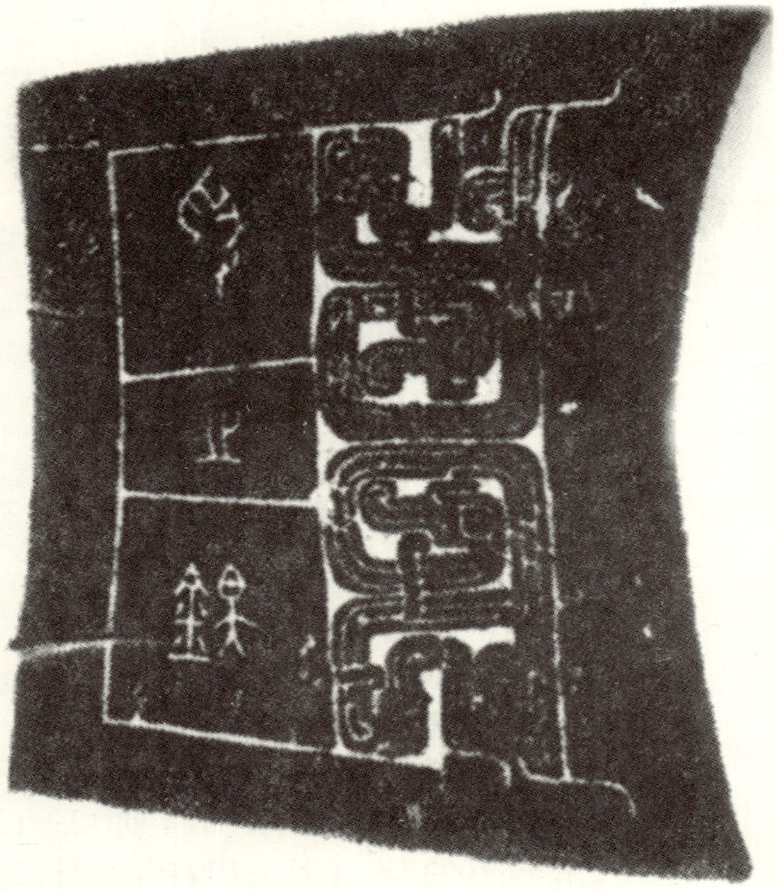

（反）

二、 鬲、甗類

118共鬲

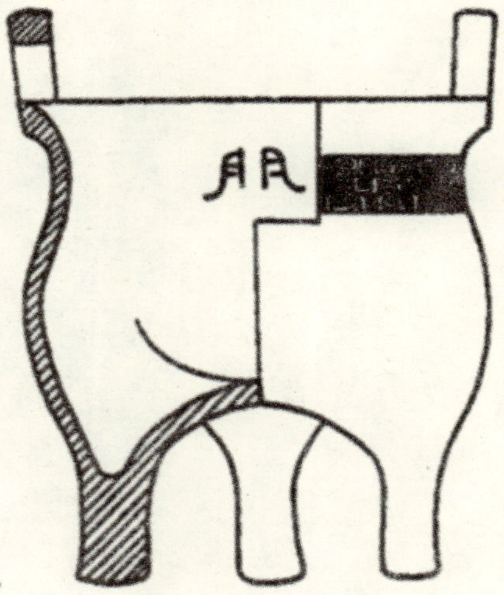

共。

字數:1
度量:通高 19 釐米, 口徑 14. 9 釐米
時代:西周早期
著録:《文博》1986 年 5 期 1 頁
出土:1985 年 4 月陝西藍田縣洩湖鎮車馬坑
現藏:陝西藍田縣文物管理委員會

119旅鬲

旅鬲。

字數:2
度量:通高 11.9 釐米,口徑 16.5 釐米
時代:西周晚期
著録:《考古與文物》1993 年 5 期 8 頁
出土:1988 年 9 月陝西延長縣安溝鄉岔口村
現藏:陝西延長縣文物管理委員會

120 叔父癸鬲

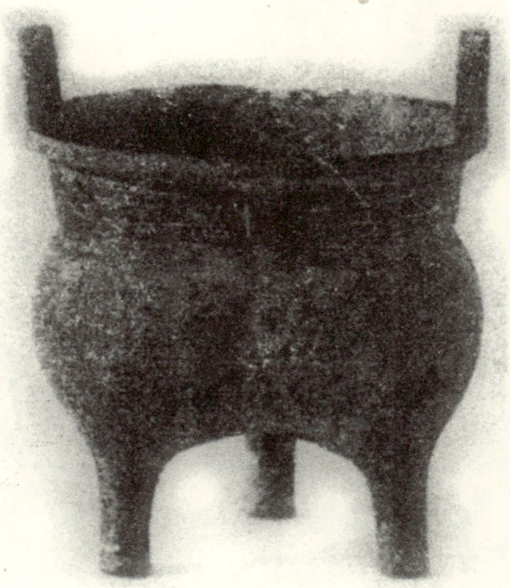

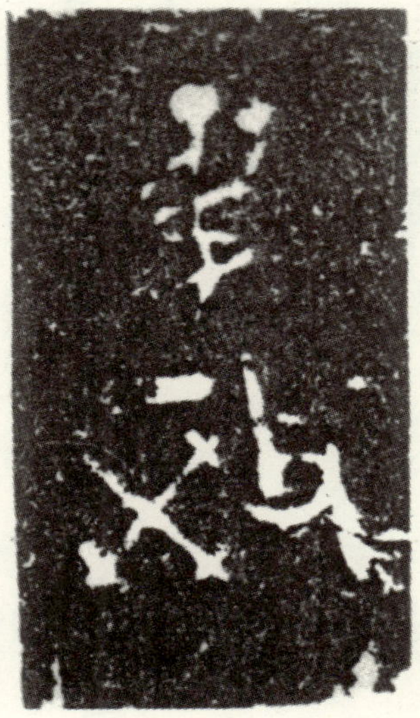

叔。父癸。

字數:3
度量:通高 17 釐米
時代:商代後期
著録:《文物》1992 年 3 期 93—95 頁
出土:1984 年 10 月山東新泰市府前街墓葬
現藏:山東新泰市博物館

121 叔鬲

叔作鼎。

字數:3
度量:通高 15.5 釐米
時代:西周早期
著録:《文物》1987 年 2 期 5—6 頁
出土:1980 年山西洪洞縣永凝堡村墓葬 M14:11
現藏:山西洪洞縣文化館

122□伯鬲

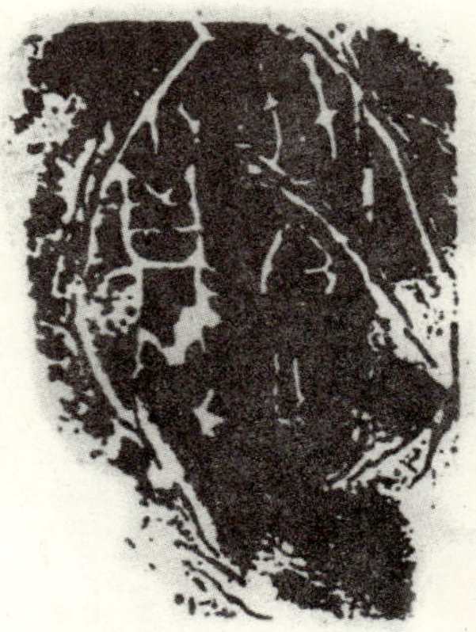

□伯作⿱齊鼎鼎。

字數:5
度量:通高 14 釐米,口徑 14 釐米
時代:西周早期
著録:《考古與文物》1991 年 1 期 3—13 頁
出土:1927 年陝西寶鷄市金臺區陳倉鄉戴家灣盜掘

123共宁II鬲

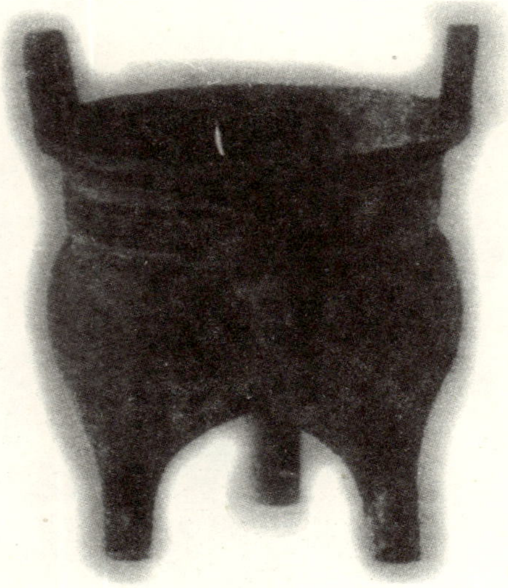

共宁II作父辛。

字數:6
度量:通高 18 釐米
時代:商代後期
著録:《文物》1992 年 3 期 93—95 頁
出土:1984 年 10 月山東新泰市府前街墓葬
現藏:山東新泰市博物館

124 長社鬲

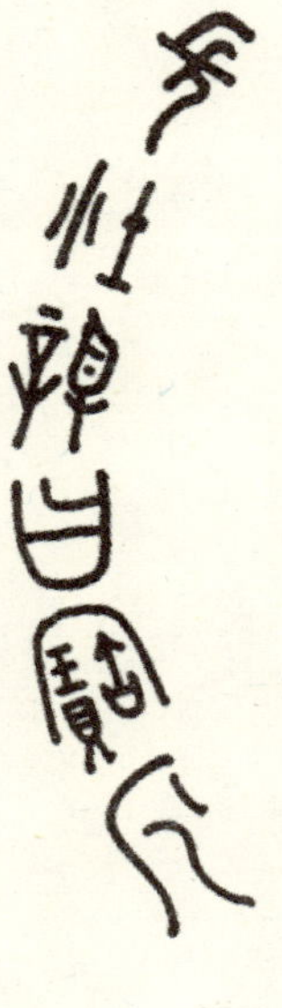

長社親曰寶鬲。

字數：6
度量：通高 10.5 釐米
時代：西周晚期
著録：《考古》1993 年 1 期 85 頁
出土：1983 年河南確山縣竹溝鎮
現藏：河南確山縣文物管理所

125 𪼣王鬲

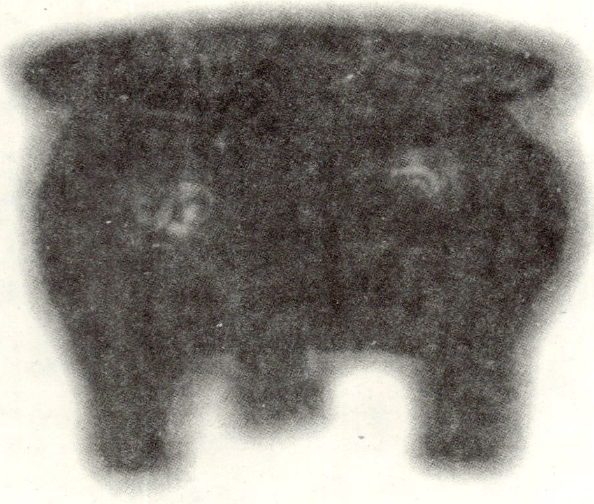

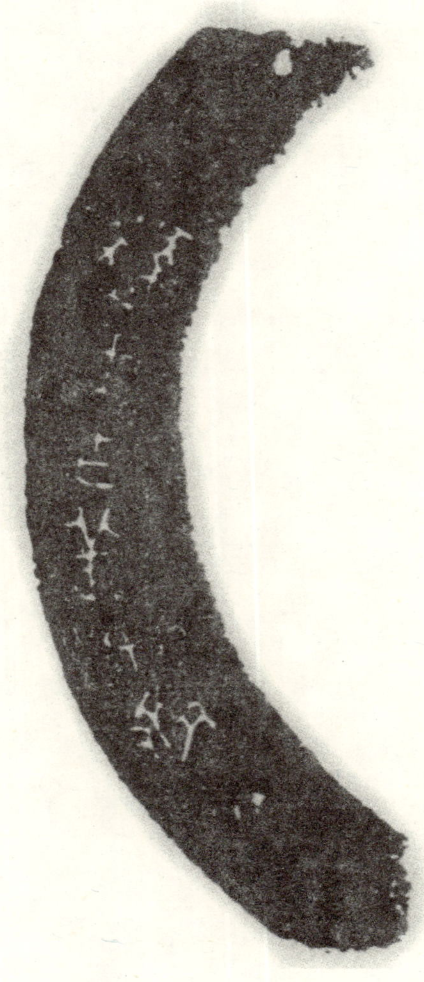

𪼣王作姜氏𩰫。

字數:6
度量:通高12釐米,口徑16.3釐米
時代:西周晚期
著録:《考古與文物》1990年5期26—43頁
出土:1978年陝西眉縣
現藏:陝西西安市文物中心

126𨙸王鬲

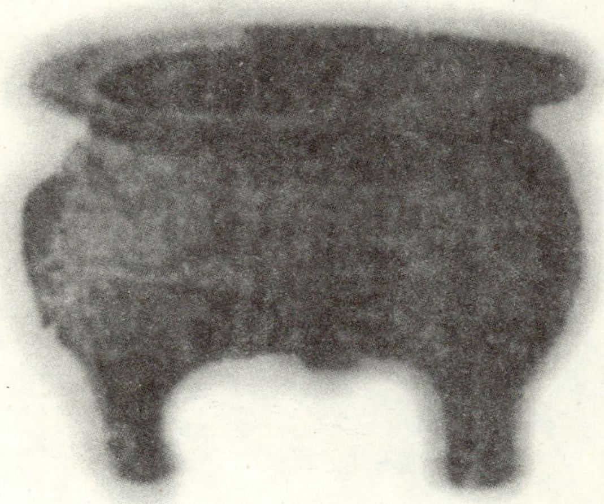

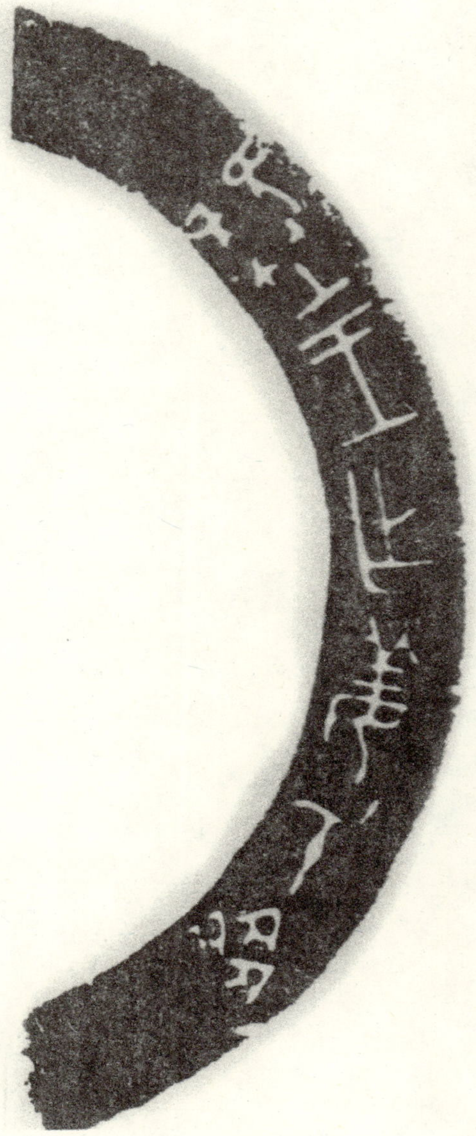

𨙸王作姜氏齋。

字數:6
度量:通高 12 釐米,口徑 16. 5 釐米
時代:西周晚期
著録:《考古與文物》1990 年 5 期 26—43 頁
出土:1978 年陝西眉縣
現藏:陝西西安市文物中心

127 □事正鬲

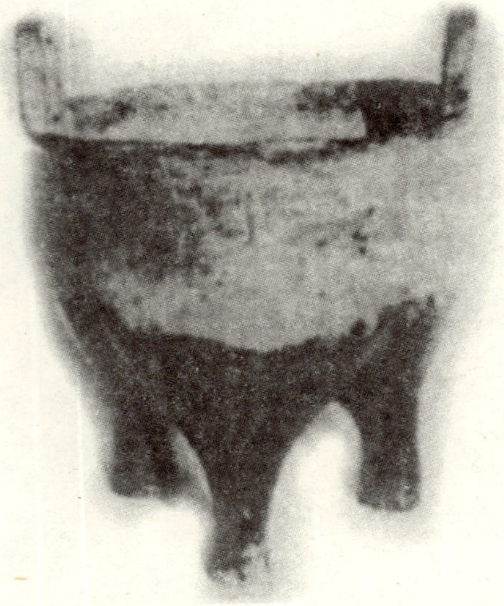

□事正作寶彝。

字數:6
度量:通高 18 釐米,口徑 14.1 釐米
時代:西周早期
著録:《考古與文物》1990 年 1 期 55—57 頁,
　　　《中國文物報》1991 年 13 期 3 版
出土:1985 年 7 月陝西淳化縣鐵王鄉紅崖村
現藏:陝西咸陽市博物館

128甬鬲

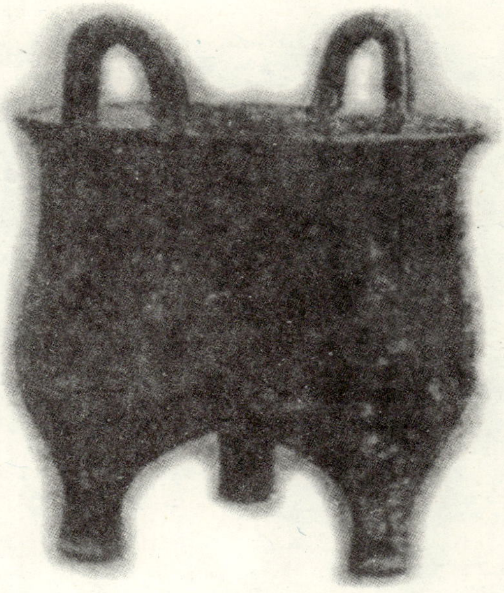

甬作父辛
寶尊彝。

字數:7
度量:通高 22.5 釐米,重 1.8 千克
時代:西周早期
著録:《中原文物》1986 年 4 期 99 頁
出土:1984 年河南鞏縣小溝村

129伯斁鬲

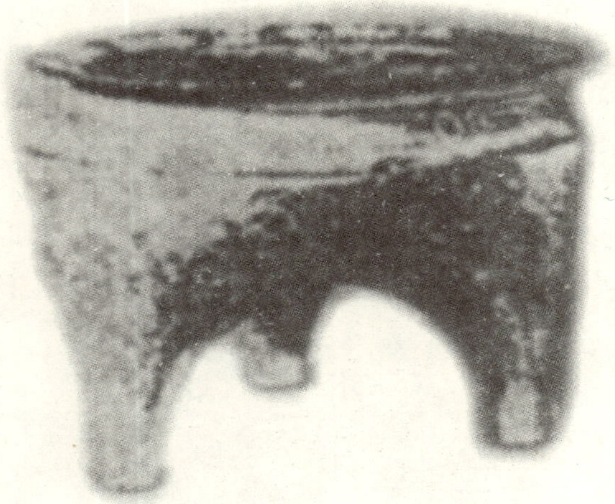

……之孫伯斁自作寶鬲，……

字數：存 8
度量：通高 10.8 釐米，口徑 11 釐米，重 0.9 千克
時代：西周晚期
著録：《考古》1984 年 6 期 510—511 頁
出土：1975—1976 年湖北隨縣周家崗墓葬
現藏：湖北隨州市博物館

130虢宮父鬲

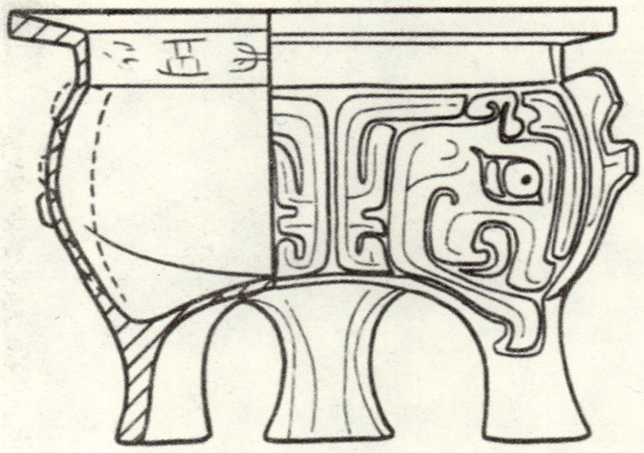

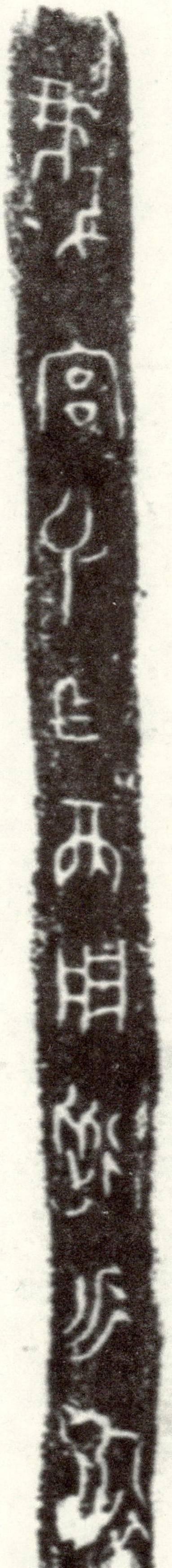

虢宮父作鬲，用從，永保。

字數:9
度量:通高 12.6 釐米
時代:西周晚期
著録:《三門峽虢國墓》上册 474 頁
出土:河南三門峽市虢國墓地 M2008
現藏:河南三門峽市文物工作隊

131 父庚鬲

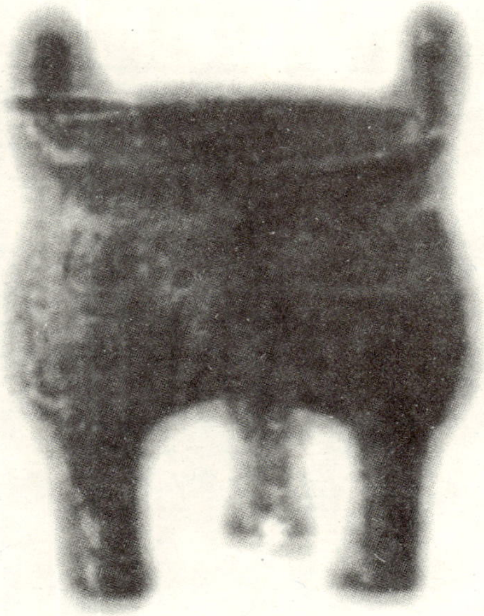

□□□父庚
□考□寶尊。

字數:10
度量:通高 20. 5 釐米,口徑 14. 7 釐米
時代:西周早期
著録:《考古與文物》1990 年 5 期25—38 頁
流傳:陝西西安市大白楊庫
現藏:陝西西安市文物中心

132自作薦鬲

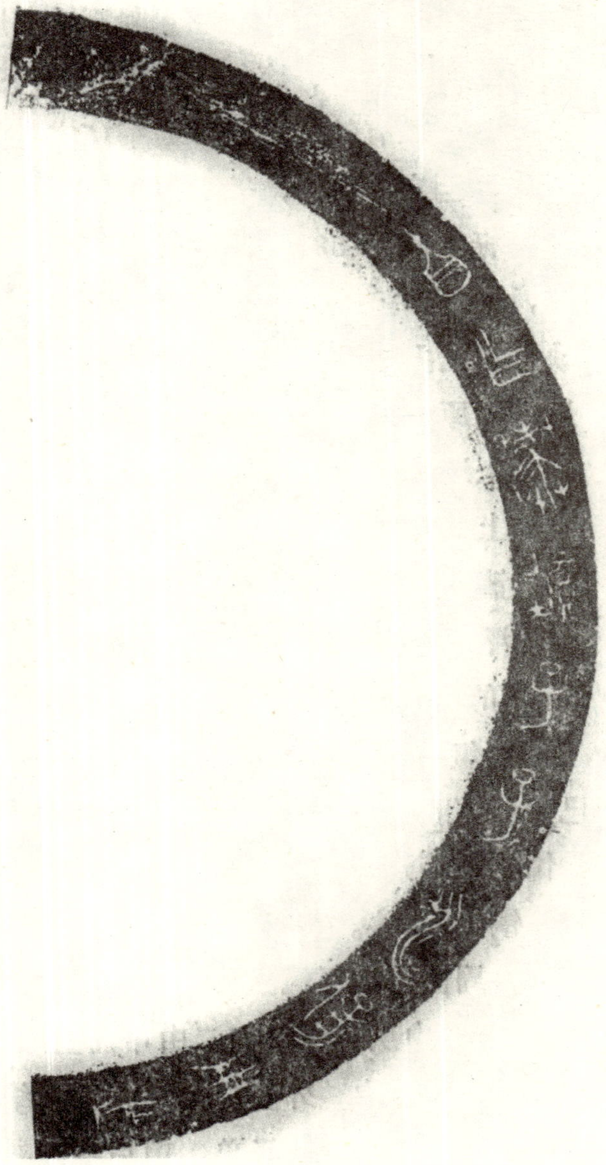

……自作薦鬲，子=孫=永保用之。

字數：10（又重文 2）
度量：通高 12.6 釐米，殘重 2.08 千克
時代：春秋後期
著録：《淅川下寺春秋楚墓》125 頁
出土：1990 年河南淅川縣下寺 M2：59
現藏：河南省文物考古研究所
備注：同出兩件一對，另一件未修復，未收

133曾伯鬲

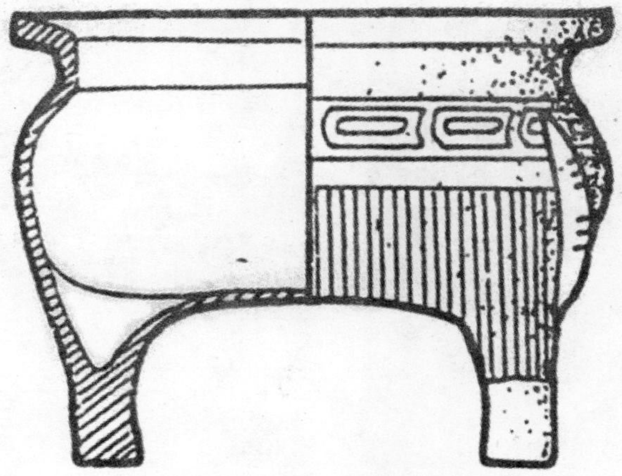

字數:存 11
度量:通高 13 釐米,口徑 16.9 釐米
時代:春秋前期
著録:《江漢考古》1994 年 2 期 39 頁
出土:1993 年 6 月湖北隨州市義地崗墓葬
現藏:湖北隨州市考古隊

曾伯……寶尊鬲，其萬年永寶用。

134紀侯鬲

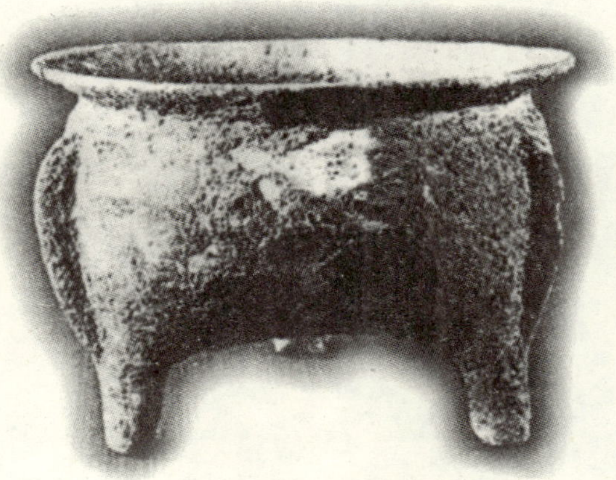

紀侯□作羞鬲，□□子=孫=永寶用。

字數：13（又重文2）
度量：通高10.8釐米
時代：春秋前期
著録：《考古》1991年10期915—916頁
出土：二十世紀五十年代山東黄縣和平村
現藏：山東煙臺市文物管理委員會

135 萊伯武君鬲

萊伯武君肇造丁寶鬲，子=孫=永用享。

字數:14(又重文 2)

度量:通高 13 釐米,口徑 15.9 釐米,重 0.88 千克

時代:春秋前期

著録:《文物》1991 年 11 期 92 頁

出土:1987 年 12 月安徽宿縣褚蘭區桂山鄉謝蘆村

虢季鬲

136虢季鬲

虢季作寶鬲，其萬年子=孫=永寶用享。

字數：14（又重文2）
度量：通高13.5釐米，口徑18釐米，重1.85千克
時代：西周晚期
著録：《三門峽虢國墓》上册43頁
出土：河南三門峽市虢國墓地M2001：69
現藏：河南三門峽市文物工作隊
備注：同出一組八件，同銘

137虢季鬲

虢季作寶鬲，其萬年子=孫=永寶用享。

字數:14(又重文2)

度量:通高13.2釐米,口徑18.4釐米,重1.6千克

時代:西周晚期

著録:《三門峽虢國墓》上册43頁

出土:河南三門峽市虢國墓地M2001:116

現藏:河南三門峽市文物工作隊

138虢季鬲

虢季作寶鬲，其萬年子=孫=永寶用享。

字數:14(又重文2)
度量:通高12.6釐米,口徑18釐米,重1.6千克
時代:西周晚期
著録:《三門峽虢國墓》上册43頁
出土:河南三門峽市虢國墓地M2001:68
現藏:河南三門峽市文物工作隊

139 虢季鬲

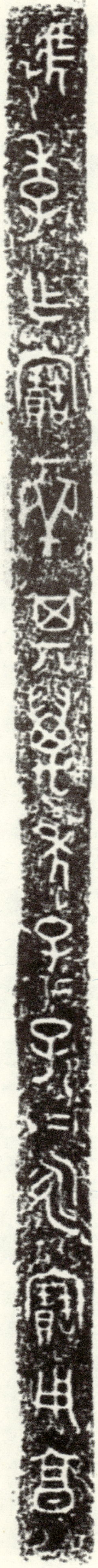

虢季作寶鬲，其萬年子=孫=永寶用享。

字數：14（又重文2）
度量：通高12.6釐米，口徑18.1釐米，重1.85千克
時代：西周晚期
著録：《三門峽虢國墓》上册43頁
出土：河南三門峽市虢國墓地M2001：74
現藏：河南三門峽市文物工作隊

140 虢季鬲

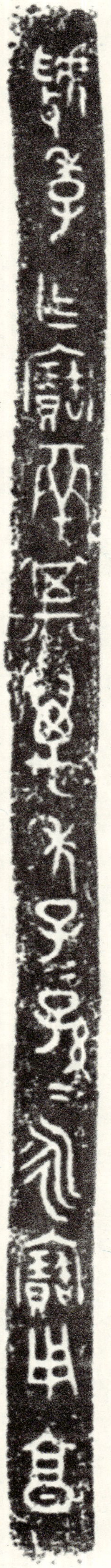

虢季作寶鬲，其萬年子=孫=永寶用享。

字數:14(又重文 2)
度量:通高 12.8 釐米,口徑 18.4 釐米,重 2.1 千克
時代:西周晚期
著録:《三門峽虢國墓》上册 43 頁
出土:河南三門峽市虢國墓地 M2001:73
現藏:河南三門峽市文物工作隊

141 虢季鬲

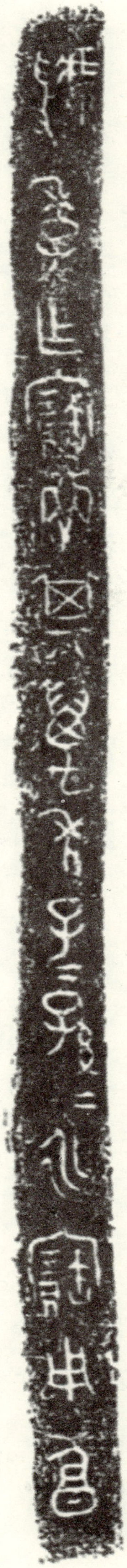

虢季作寶鬲，其萬年子=孫=永寶用享。

字數:14(又重文 2)
度量:通高 12.5 釐米,口徑 18.1 釐米,重 2.1 千克
時代:西周晚期
著録:《三門峽虢國墓》上册 43 頁
出土:河南三門峽市虢國墓地 M2001:85
現藏:河南三門峽市文物工作隊

142虢季鬲

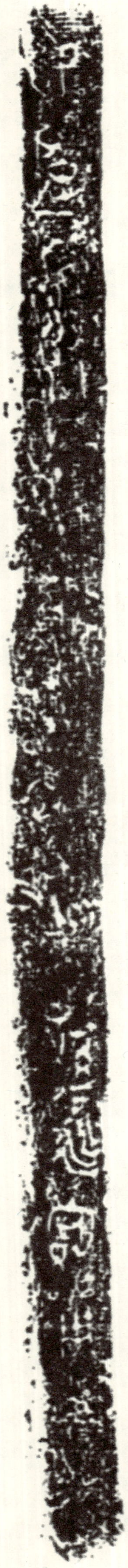

虢季作寶鬲，其萬年子=孫=永寶用享。

字數:14(又重文2)
度量:通高12.8釐米,口徑18.6釐米,重1.85千克
時代:西周晚期
著録:《三門峽虢國墓》上册43頁
出土:河南三門峽市虢國墓地 M2001:110
現藏:河南三門峽市文物工作隊

143 虢季鬲

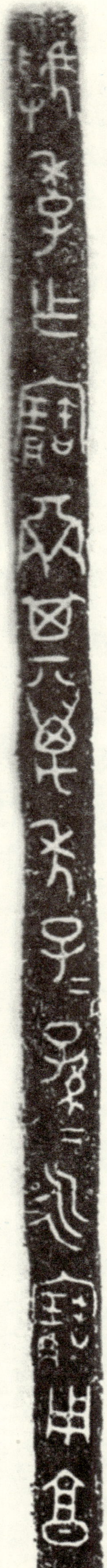

虢季作寶鬲，其萬年子=孫=永寶用享。

字數:14（又重文 2）
度量:通高 13.1 釐米,口徑 17.6 釐米,重 1.85 千克
時代:西周晚期
著録:《三門峽虢國墓》上册 43 頁
出土:河南三門峽市虢國墓地 M2001:70
現藏:河南三門峽市文物工作隊

144恒侯鬲

恒侯伯恒作
寶鬲兩，
其萬年
子孫寶用。

字數：15
度量：通高 12.3 釐米，口徑 16 釐米
時代：西周晚期
著録：《文博》1996 年 4 期 86 頁
流傳：1980 年陝西嵯峨馮村馮蘭英捐獻
現藏：陝西三原縣博物館

145 膳夫吉父鬲

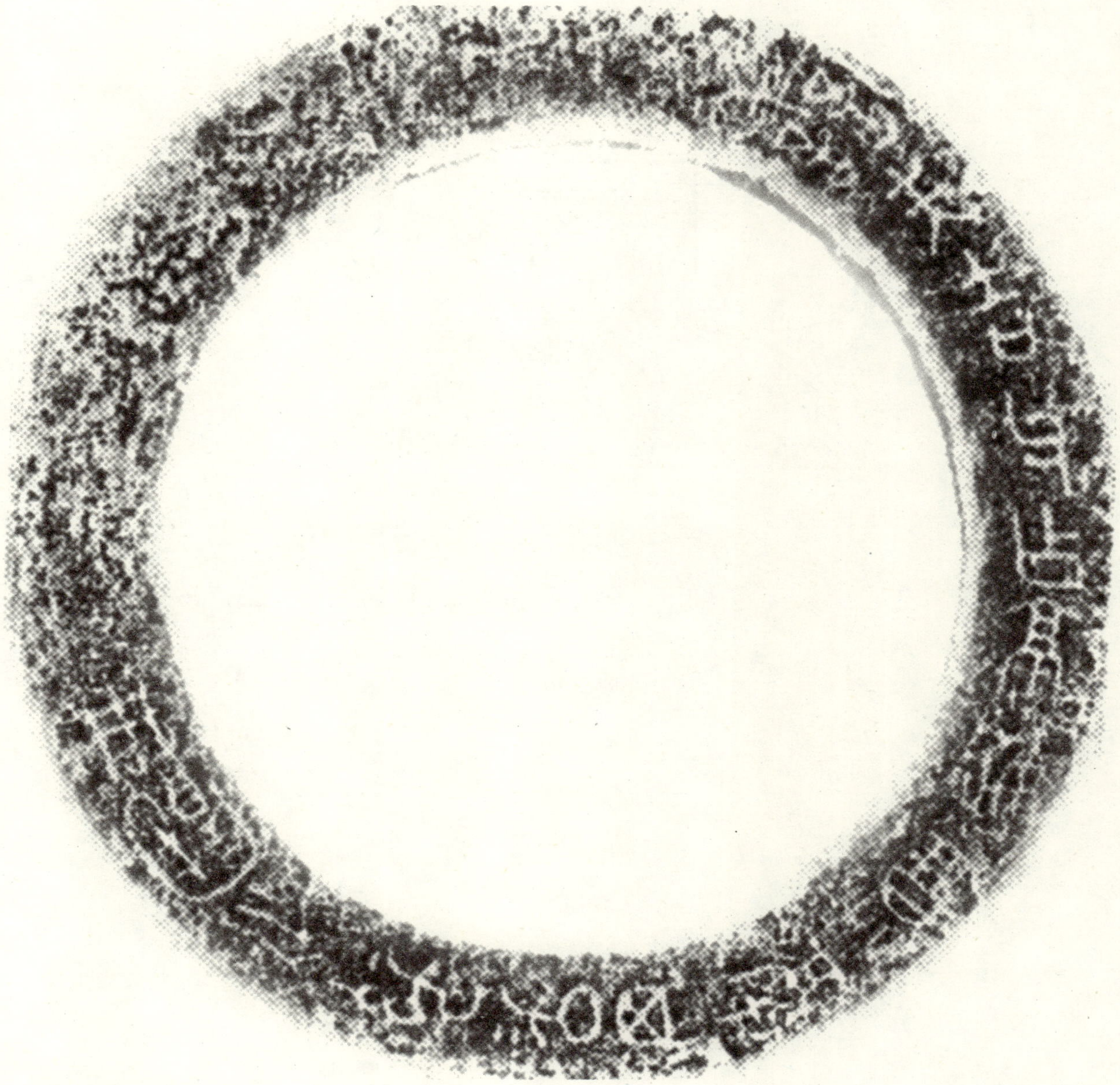

膳夫吉父作京姬尊鬲，其子=孫=永寶用。

字數：15（又重文 2）
度量：通高 12 釐米，口徑 16.8 釐米
時代：西周晚期
著録：《海岱考古》第一輯 321—322 頁
現藏：山東濟南市博物館

146子碩父鬲

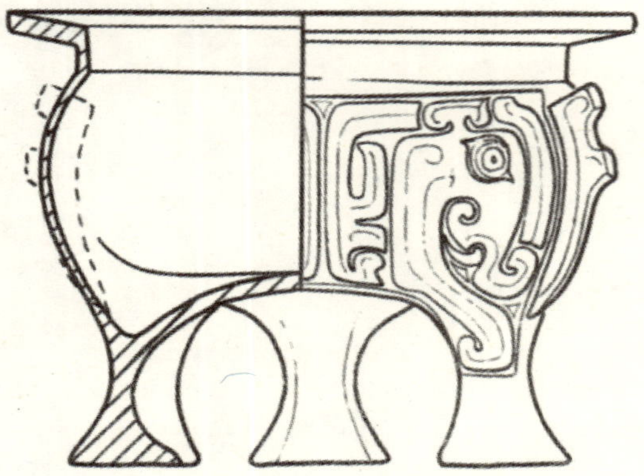

虢仲之嗣或子碩父作季嬴羞鬲，其萬年子=孫=永寶用享。

字數：22（又重文 2）
度量：通高 13.4 釐米，口徑 18 釐米
時代：西周晚期
著録：《中國文物報》1998 年 86 期 3 版，《三門峽虢國墓》上册 473 頁
出土：1989 年末河南三門峽市虢國墓地
現藏：廣東深圳市博物館
備注：同銘兩件

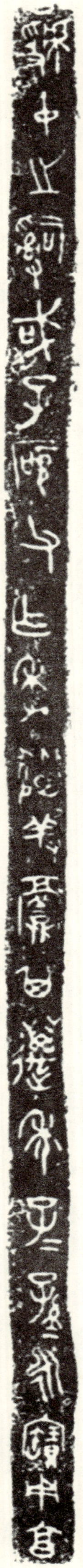

（此圖爲原圖的十分之七）

147 子碩父鬲

(此圖爲原圖的十分之七)

虢仲之𤔲或子碩父作季嬴羞鬲，其萬年子=孫=永寶用享。

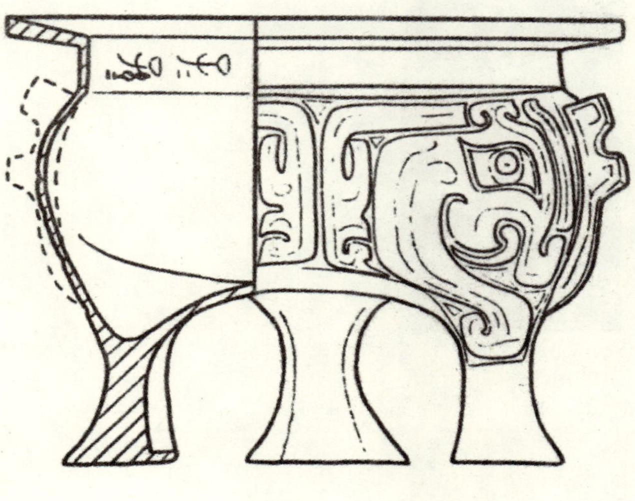

字數:22(又重文 2)
度量:通高 13.3 釐米,口徑 17.8 釐米
時代:西周晚期
著録:《三門峽虢國墓》上册 473 頁
出土:河南三門峽市虢國墓地
現藏:河南三門峽市文物工作隊

148 妻甗

妻。

字數:1
度量:通高 34.2 釐米,口徑 20 釐米
時代:商代後期
著録:《文物》1985 年 3 期 2—5 頁
出土:1983 年 12 月山東壽光縣"益都侯城"故址
現藏:山東壽光縣博物館

149 戈甗

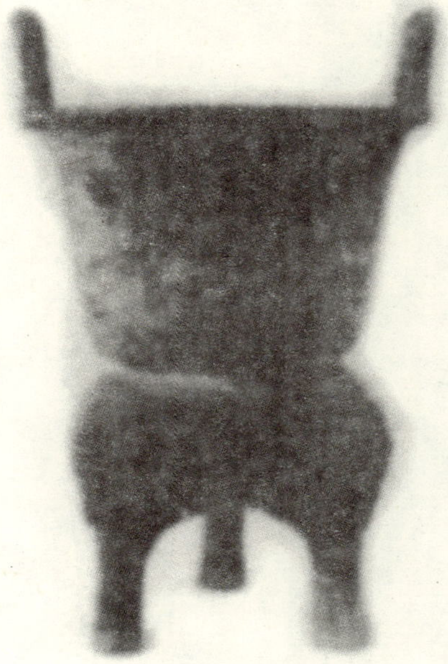

戈。

字數:1
度量:通高 43.3 釐米
時代:西周早期
著録:《考古與文物》1990 年 5 期 26—43 頁
現藏:陝西西安市文物管理委員會

150 ⿱⿱人亼⿱人亼甗

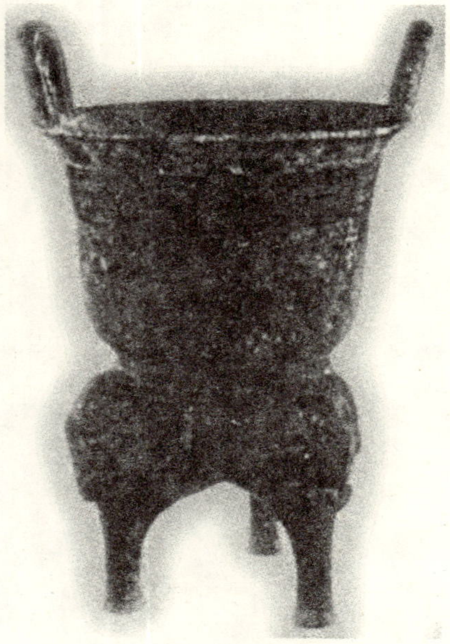

⿱⿱人亼⿱人亼。

字數:1
度量:通高 40 釐米
時代:西周中期
著録:《文物資料叢刊》1983 年 8 期 80 頁
出土:1976 年春陝西岐山賀家村 M113:4
現藏:陝西周原考古隊
備注:此銘爲由六位數字組成的易卦符號

151 亞矣甗

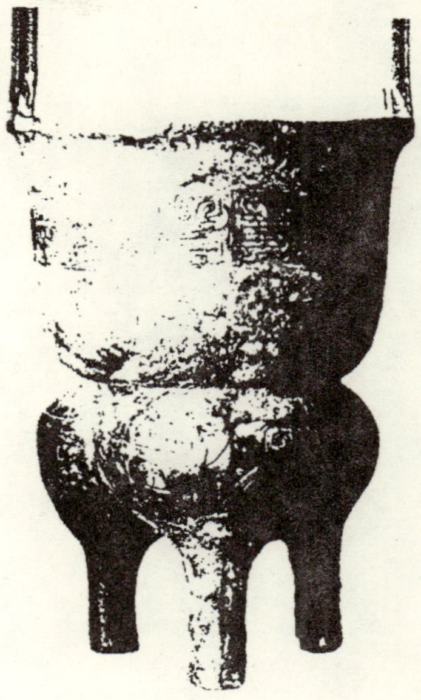

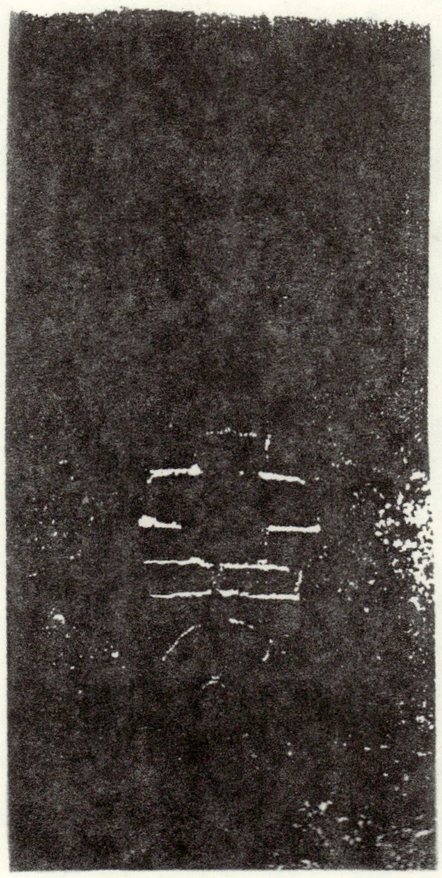

亞矣。

字數:2
度量:通高 39.5 釐米
時代:西周早期
著録:佳士得(1981,12,16:310)
流傳:英國倫敦佳士得拍賣行

152 〓祖丁甗

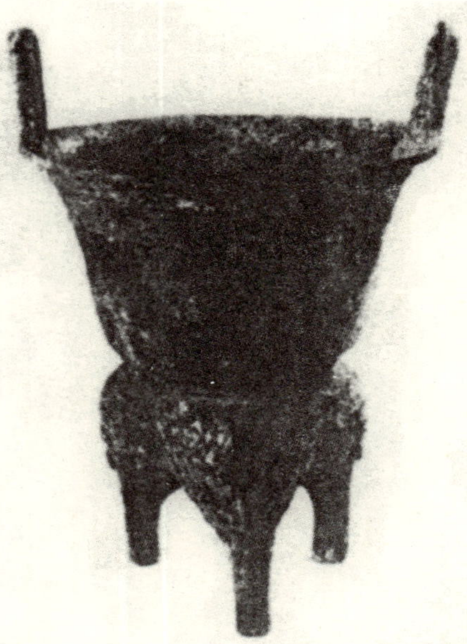

〓。祖丁。

字數:3
度量:通高 29.5 釐米,口徑 20.5 釐米,重 2.2 千克
時代:西周早期
著録:《文物》1998 年 10 期 39—40 頁
出土:1972 年秋河南洛陽市東郊機車工廠
現藏:河南洛陽市博物館

153 □父丁甗

□。父丁。

字數:3
度量:通高 44 釐米,重 7.5 千克
時代:西周早期
著録:《高家堡戈國墓》23 頁
出土:1991 年陝西涇陽縣興隆鄉高家堡 M2:1
現藏:陝西涇陽縣博物館

154 戈父癸甗

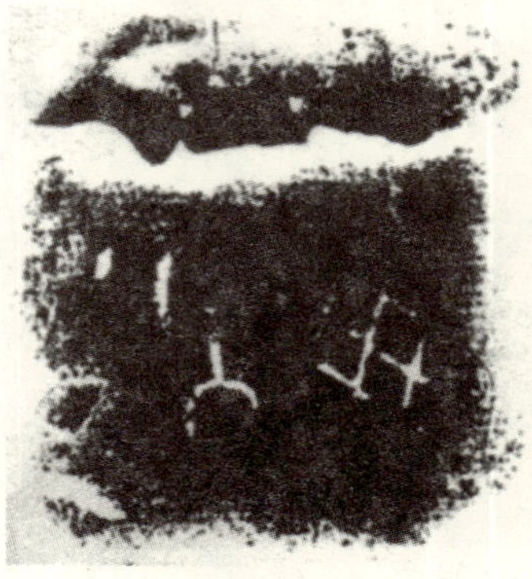

父癸。戈。

字數:3
度量:通高 43.9 釐米,重 7.2 千克
時代:西周早期
著録:《高家堡戈國墓》63 頁
出土:1991 年陝西涇陽縣興隆鄉高家堡 M3:2
現藏:陝西涇陽縣博物館

155 㔾甗

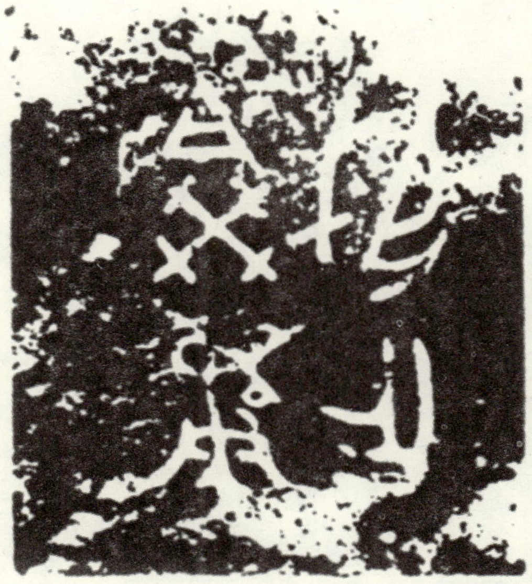

㔾作
祖癸彝。

字數:5
度量:通高 43.7 釐米
時代:商代後期
著録:佳士得(1987,6,4:9)
流傳:英國倫敦佳士得拍賣行

156 戍人正甗

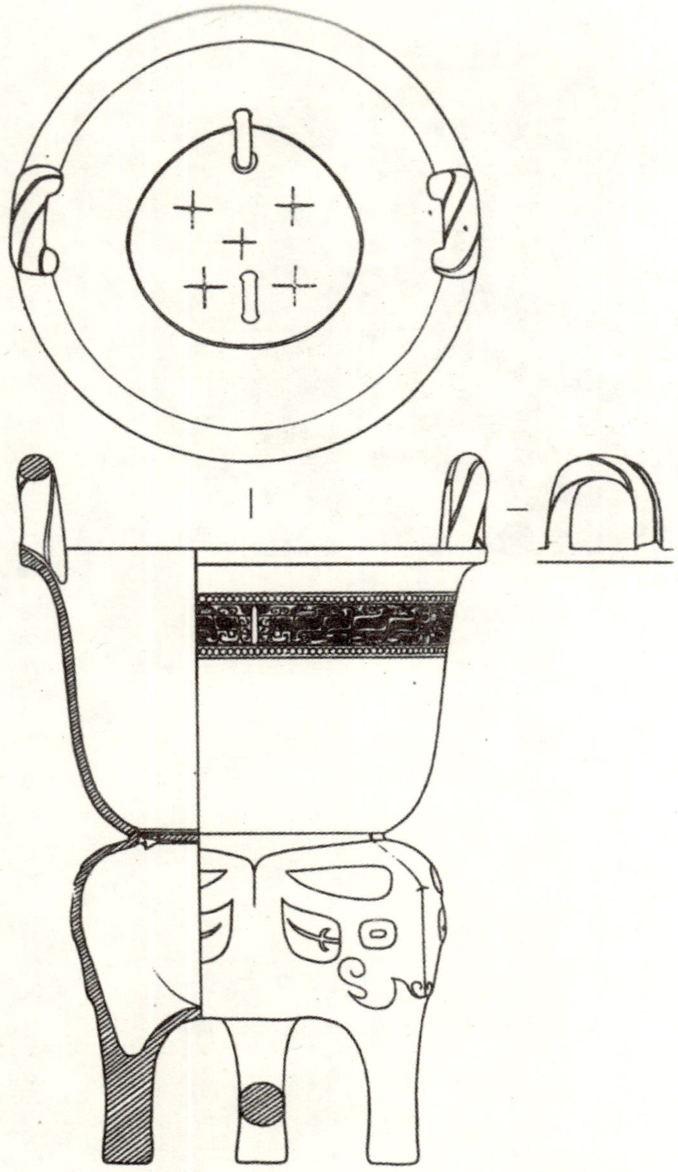

戍人正。父己。

字數:5
度量:通高 43.5 釐米,重 6.7 千克
時代:西周早期
著録:《高家堡戈國墓》74 頁
出土:1991 年陝西涇陽縣興隆鄉高家堡 M4:7
現藏:陝西涇陽縣博物館

157 應侯甗

應侯作
旅彝。

字數:5
度量:通高 44 釐米
時代:西周中期
著録:《文物》1998 年 9 期 7—11 頁
出土:河南平頂山市新華區薛莊鄉北滍村
　　　滍陽嶺應國墓葬 M84:89
現藏:河南省文物研究所

158 並伯甗

並伯作
寶彝。

字數：5
度量：通高 39 釐米
時代：西周早期
著録：《考古與文物》1987 年 5 期 100—101 頁
出土：1983 年 10 月甘肅靈臺縣新集公社崖灣大隊東莊墓葬
現藏：甘肅靈臺縣文化館

159俞伯甗

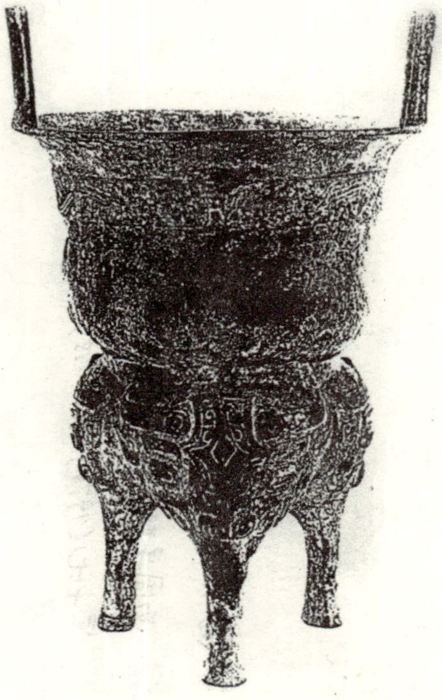

俞伯作
寶尊彝。

字數:6
度量:通高 42. 5 釐米
時代:西周早期
著録:富士比(1978,3,30:18)
流傳:英國倫敦富士比拍賣行

160 孟甗

周章。

孟作旅甗。

字數:6
度量:通高 41.2 釐米,重 5.3 千克
時代:西周早期
著録:《保利藏金》59—61 頁
現藏:北京保利藝術博物館
備注:第一行横的兩字"周章"似刻款

161 小子吉父方甗

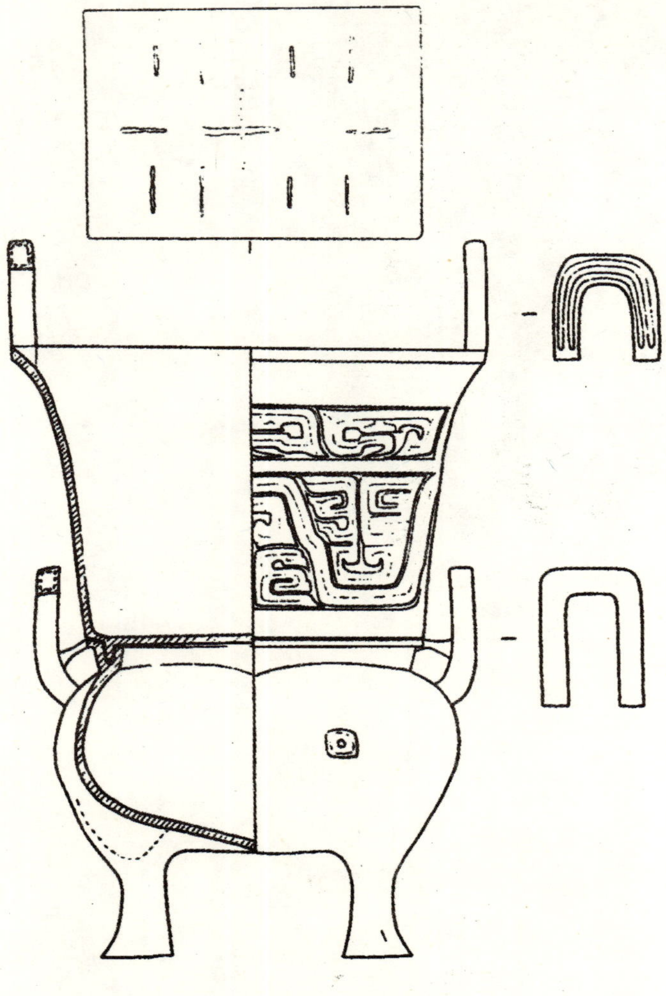

……大……小子吉父

作……寶甗，

其萬年永寶用享。

字數：存 15
度量：通高 45.8 釐米，重 11.5 千克
時代：西周晚期
著録：《三門峽虢國墓》上册 44 頁
出土：河南三門峽市虢國墓地 M2001：65
現藏：河南三門峽市文物工作隊

162 晉伯𩞁父甗

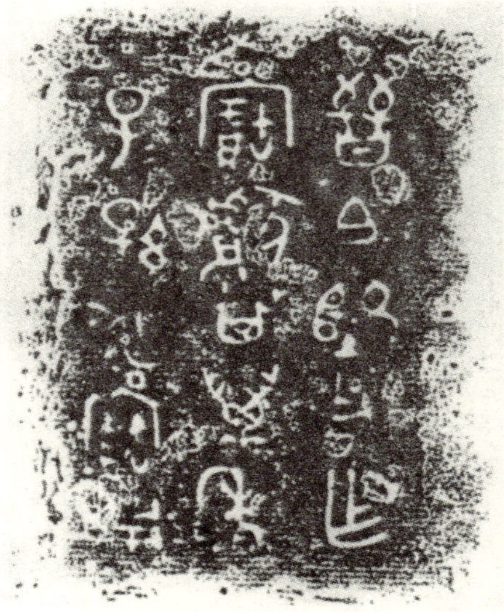

晉伯𩞁父作
寶甗，其萬年
子=孫=永寶用。

字數:15(又重文 2)
度量:通高 42 釐米,重 10.3 千克
時代:西周晚期
著録:《上海博物館集刊》1996 年 7 期 41—43 頁
出土:山西曲沃縣曲村鎮北趙村晉侯墓地
流傳:1992 年後購于香港古玩街
現藏:上海博物館

163陳樂君甗

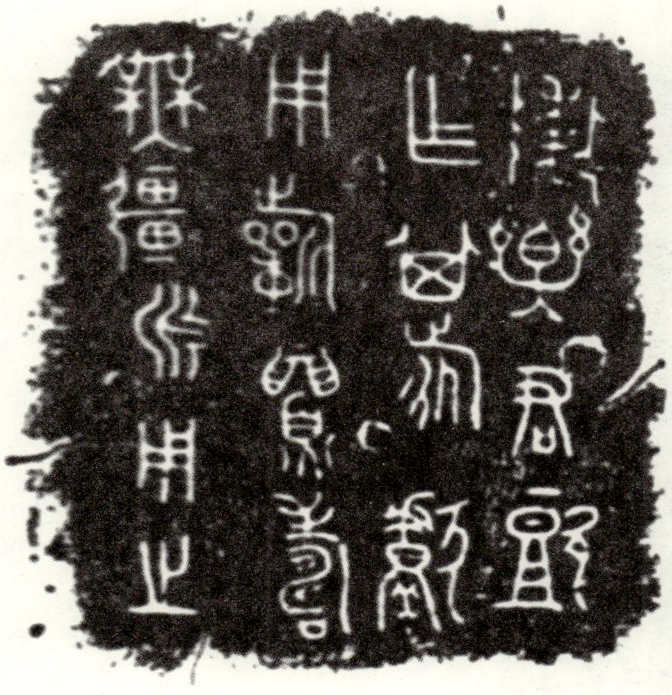

陳樂君歕作其旅甗。用祈眉壽無疆，永用之。

字數：17
度量：通高 35.4 釐米，重 30 千克
時代：春秋後期
著録：《考古》1996 年 9 期 4 頁
出土：1994 年春山東海陽縣磐石店鎮嘴子前村墓葬 M4：87
現藏：山東海陽縣博物館

164 孟狂父甗

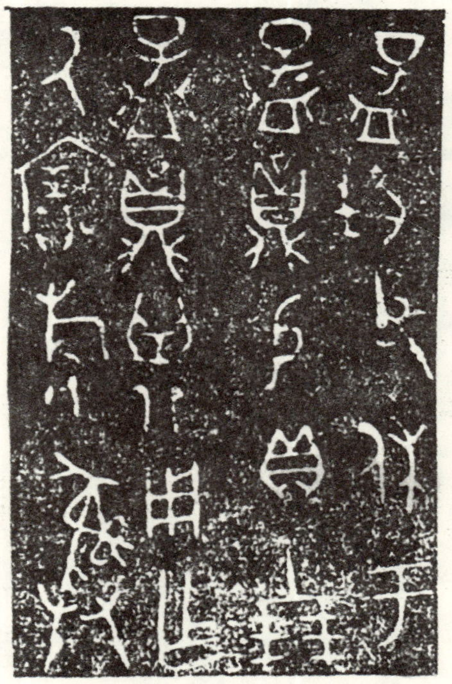

孟狂父休于
孟員，賜貝十朋。
孟員對，用作
厥寶旅彝。

字數：19（又合文 1）
度量：通高 40.5 釐米，口徑 26.8 釐米
時代：西周中期
著録：《考古》1989 年 6 期 524—525 頁
出土：1983—1986 年陝西長安縣張家坡村墓葬 M183：3
現藏：中國社會科學院考古研究所灃西發掘隊